우리는
서로의
첫 번째

최동민
에세이

우리는
서로의
첫 번째

그러니 지금 이 순간이 시시할 리가 없어

mellite

아버지께

(1955~2023)

"

우리의

드라이브는

아직

끝나지 않았어요.

"

프롤로그

무언가
되고 싶은 마음

1

 무언가 되고 싶다는 감정. 내가 그러한 감정을 느낀 순간은 진영과 함께하면서부터였다. 나는 진영이 웃을 때면 더 위트 있는 말을 하는 사람이 되고 싶었고, 우울할 때면 시니컬한 유머를 할 줄 아는 사람이 되어 그의 곁에 있고 싶었다. 진영이 책 이야기를 꺼낼 때면 그것이 읽은 책이든 읽지 않은 책이든 대화를 나눌 수 있는 상대가 되고 싶었고 진영이 여행을 떠나고 싶다면 쓸 만한 가이드가 되고 싶었다. 진영이 친구를 초대할 때면 줄리언 반스가 그랬듯, 앞치마를 두른 좋은 호스트가 되고 싶었다. 러닝메이트가 필요하면 러너가 되고 싶었고, 골프며 테니스며 미술관이며 술집이며……. 함께할 상대가 필요하면 그것의 애호가가 되고 싶었다.

무언가 되고 싶다는 감정. 그것은 진영이 내게 선물해준 것이었다. 진영으로 인해 무언가 되고 싶을 때마다 나는 자랐다(키도 자랐으면 좋으련만).

무언가 되고 싶다는 감정. 나에게 그것을 준 또 하나의 존재는 진영과 나의 아이, 이현이었다. 이현이 우리에게로 왔다는 사실을 처음 알았을 때부터, 그를 품고 낳고 기르고 함께한 모든 순간에서 나는 무언가 되고 싶었다. '좋은 아빠' 같은 추상적인 무엇부터, '부끄럽지 않으면서도 잘 팔리는 글을 쓰는 아빠'처럼 구체적인 무엇까지. 나는 이현이 보기에 '근사한'까지는 아니더라도 '그럴듯한' 무언가로 살아가고 싶었다.

화석처럼, 시간의 무게에 눌린 사람처럼, 혹은 이미 죽어버린 사람처럼, 그리고 과거의 나처럼…… 그렇게 살고 싶지 않았다.

그것은 변화였다.

과거의 나는, 그러니까 아내와 아이를 만나기 전 나는 가급적 무언가 하지 않았고, 도망치는 건 부끄러워도 괜찮다는 쪽에 가까웠다. 같은 영화를 평생 봐야 해도 괜찮다고 말하는 사람, 평생 한 동네를 벗어날 수 없다고 해도 고개를 끄덕이는 사람, 하고 싶은 일보다 주어진 일에 안심하는 사람, 그런 사람이었다.

 무언가 되고 싶다는 감정. '함께'가 아니면 절대 갖지 못했을 그 감정을 느낄 때마다 나는 글을 썼다. 두 사람을 보며 떠오르는 글부터, 두 사람이 좋아할 만한 글, 두 사람에게 선물하고 싶은 글. 그리고 그들에게 부끄럽지 않은 글. 그런 글을 썼다.
 어쩌면 두 사람을 만난 후 쓴 나의 모든 글은 그런 카테고리에 속한 글이며 함께이기에 완성될 수 있는 글이었다. 하나의 바람이 있다면 내가 쓴 글로 하여금 두 사람도 나처럼, 나로 인해 무언가 되고 싶을 때 그 글이 마중물이 되었으면 하는 바람이 있었다. 그 바람으로 글은 또 한 편 완성되었다.

 무언가 되고 싶다는 감정. 이 책에 담긴 모든 글 역시 그런 감정에서 출발한다. 그래서 도착지는 항상 진영과 이현, 우리의 가족에게 가닿는다. 그렇기에 한 편의 글이 끝나는 결승점은 언제나 출발지와 같다. 하지만 한 바퀴를 뛰어 결승점에 도착했을 때, 나와 진영 그리고 이현은 새로운 무언가가 되어 있다. 함께이기에 가능한 반복과 성장의 서사. 그것은 서로가 서로의 첫번째이기에 가능한 이야기였다.

그 이야기를 물끄러미 바라보며 나는 생각한다. 시시포스의 반복을 형벌이라 부르는 이유. 그것은 함께할 누군가가 없었기 때문이리라.

2

이어질 나의 글에는 이제 막 무언가 되고 싶다는 마음이 든 느린 남편이자 아빠 D가 등장한다. 그런 D의 손을 끌어주기도, 무너지듯 D에 기대기도 하는 아내이자 엄마 J가 그 곁에 있다. 그런 두 사람의 슬하, 그 소담한 자리에 누워 잠든 아이는 i로 부르려 한다.

이 이야기는 서로가 서로의 첫번째인 사람들, 그런 이들의 사랑 이야기이기 때문이다. 그리고 세상의 모든 사랑 이야기는 서로 닮아 있기 때문이다.

그래서 어쩌면, 당신의 이야기와도 몹시 닮아 있기 때문이다.

차례

프롤로그 무언가 되고 싶은 마음 • 006

01   너에게 줄
       아름다움을 담고 있어

미문의 삶을 선물하고 싶어서 • 018
아름다움만 안기에도 우리 품은 너무 작으니까.

천천히, 천천히 • 022
잊지 마, 너의 페이스.

기다릴게 • 030
생의 절반은 기다림. 그러니 조급해할 필요도 없지.

크루아상 한입만큼의 행복 • 038
내일은 내일의 크루아상이 기다릴 테니까.

나머지 • 044
답이 딱 떨어지면 정 없어 보여. 못써.

노래가 되어 • 052
세상이 멸망해도 울 필요는 없어. 우리가 곁에 있을 거니까.

마주 앉아 • 062
팔 뻗으면 닿을 곳에 함께할 수 있는 이가 있다면 더 바랄 것이 없지.

별의 아이 • 072
걷다 보면 알게 될 거야.

02 우린 아직,
멸망한 것처럼 서로 사랑하고

사랑 없는 삶 • 084

그런 게 있을 리 없지.

그냥 • 092

마음을 설명하는 데 육하원칙은 거의 쓸모가 없어.

낭비 • 100

어떤 건 과감하게 낭비해도 괜찮아.

하루, 한 루 • 110

눈앞의 공만 바라봐. 저 먼 관중석은 아득하기만 하니까.

곁에 • 120

네가 누군지 궁금하다면 주변을 둘러봐.

축제로 향하는 길 • 128

벽에 부딪혔을 때는, 가볍게 뒤를 돌아봐.
아니면 잠시 앉아 쉬는 것도 좋은 방법이지.

눈을 마주치면 • 138

좋은 카메라로도 담을 수 없는 풍경, 세상에는 그런 것이 아주 많아.

03 살아낸 날들의 쓸모없음, 살아갈 날들의 아름다움

크다는 건 편리하지 • 152
하지만 세상에서 가장 큰 사람도 우주보다 크지는 못해.

작다는 건 편리하지 • 160
크기에 집착할 필요 없어. 집도, 너도.

10센티미터 • 166
사랑하는 사람의 마음만큼 이해하기 어려운 것이 없지.

빛의 재료 • 176
빛을 그리려면 어둠을 그려야 해. 어쩔 수 없어.

엄마를 기억해 • 184
대가 없는 사랑을 너에게 주는 사람이 있었어.
그 사실은 빅뱅만큼이나 대단하지.

아빠를 기억해 • 194
언제나 질 줄 모르던 아버지도 결국에는 진단다.

미련 혹은 후회 • 202
1초가 아깝고 또 귀해서.

이인삼각 • 210
우리는 한 팀이야. 그냥 맡겨.

뭘 그렇게까지 • 220
그럴 필요가 없을 만큼 타인을 위해 움직여봐.

04 애써 뛰어요.
내일이면 날 잡을 수도 없어요

시간을 선택해 • 236

그것이 너를 숨 쉬게 할 거야.

사라진 것들 • 246

좋은 건 금세 사라지지. 지킬 새도 없이.

별것 아닌 것 같지만 도움이 되는 • 256

창문을 닫아도 불행을 막을 수 없을 때는 이렇게 해봐.

어딘가에 있어 • 264

믿는 것만으로도 현실은 달라져.

미래로 가자 • 272

자유를 따라가길. 어렵다면 갈망하길.
그것마저 어렵다면 입으로 자꾸 말해보길.

천천히, 한 장씩 • 282

서두르지 마. 천천히 가도 괜찮아.

앞으로 • 294

사랑을 말하는 가장 좋은 방법은 이거야.

인용도서 • 300

너에게
줄

아름다움을
담고 있어

01

품

두 사람 앞에 놓인 책은 너무 작아서
옅은 바람에도 흔들릴 것 같고
몇 개의 물방울에도 한쪽 끝이 젖어버릴 것 같아

그래서 하루 종일 전전긍긍
쉼없이 손을 뻗고
품을 내주고
가끔은 주저앉아버리지

하지만 두 사람의 언어로 창작한
이 작은 책은 언제나 나보다 크기에
그리고 몹시도 힘이 세기에

흔들리고 부딪쳐도 그쯤은 아무렇지 않다는 듯
어제와 오늘, 내일을 적어가겠지
두 사람의 마음, 그리고 모두의 축복도 함께 쌓으며

미문의
삶을
선물하고
싶어서

아름다움만 안기에도

우리 품은 너무 작으니까.

미문을 쓰겠다면 먼저 미문의 인생을 살자.

김연수, 《소설가의 일》

i가 출발했다는 말을 들었을 때, 나무로 된 D의 책상 위에는 책이 한 권 있었다. 그 책은 꽤 여러 번 읽어 많은 페이지에 인덱스가 붙어 있었다. D는 때때로 이상한 상상을 한다. 예를 들어 책 한 권당 한 문장에만 밑줄을 그을 수 있다는 법이 갑작스럽게 만들어진다는.

만약 그런 일이 벌어지면 어떨까? 이 책에서 어떤 밑줄을 지우고, 또 어떤 인덱스를 떼어내야 할까. 여간 곤혹스러운 일이 아닐 것이다.

그렇다면 반대로 생각해보면 어떨까? 일은 몹시도 쉽게 풀릴지도 모른다. 소거법으로 하나를 남기는 것이 아닌, 우선순위를 정해보는 것이다. 포기해야 할 것들에 시선을 두는 것이 아니라 함께할 것에 시선을 두는 방식. 이 방식이라면 일은 조금 쉬워질 것이다.

여러 좋은 것들 중에서 가장 좋은 것을 선택하는 일. 그것은 고민이나 걱정보다는 흥분과 행복에 가까운 일이다. 왜 아니겠는가.

i가 오기 전, J와 D는 아주 비슷한 경험을 했다. 두 사람은 좋아하는 많은 것들 사이에서 '함께하는 생', 그것을 선택했다. 그것은 무언가를 포기하고 얻은 결과가 아니라 무언가를 선택한 결과였다. 그래서 두 사람은 몹시도 분주히, 즐거워했다.

아마도 그래서였을 것이다. i의 별에, 그 멀고 먼 별에 두 사람의 웃음소리가, 술잔을 부딪치는 소리가 들린 것은. 그 소리에 i의 호기심이 동한 것은 아마도 그래서였을 것이다. 그 소리를 붉은 실 삼아 i는 J와 D에게 출발했다는 두 줄의 소식을 전했다.

그 소식을 들을 즈음 나무로 된 D의 책상 위에는 책이 한 권 있었다. 그 책은 꽤 여러 번 읽어 많은 페이지에 인덱스가 붙어 있었다. D는 망설임 없이 한 페이지를 펼친다. 그곳에는 이런 문장이 있었다.

미문을 쓰겠다면 먼저 미문의 인생을 살자.

그 문장은 오래전 D가 밑줄을 긋던 그때부터 D의 좌우명 비슷한 것이었다. 게다가 i가 출발했다는 소식을 전해 듣자 D는 조급해졌다.

'아직 미문이라 불리는 인생을 살고 있지는 못한 것

같은데…….'

그런 걱정에 당황하고 있을 때, 현명한 J가 말한다.

"미문의 인생을 살지 못했다면, 미문부터 모아보자."

언제나 그렇듯 좋은 생각이었다. 미문을 모으다 보면 알게 될 것이다. 미문의 인생이 무엇인지. 그리고 살 수 있을 것이다. 미문의 생이라는 것을. 또 운이 좋다면 그렇게 차곡차곡 모은 미문을 i에게 선물해줄 수도 있으리라.

그래서 담아보기로 한다.

너에게 줄 미문을.

천천히,
천천히

잊지 마,

너의 페이스.

너도 저 강물처럼 말한단다.

조던 스콧, 《나는 강물처럼 말해요》

1

i는 누구보다 먼저 일어난다. 그래서 J와 D는 i가 눈 감는 모습은 매일 보았지만 눈 뜨는 순간은 자주 놓쳤다. 그러다 한번은 i보다 먼저 일어난 두 사람이 i를 바라보았다. 부스스 눈을 뜨지 않을까 하는 예상과 달리 i는 그야말로 '번쩍' 눈을 떴다. 그러고는 어제 했던 즐거웠던 일이나 오늘 하게 될 기대되는 일을 혼잣말로 중얼거렸다. 마치 모노드라마를 찍는 배우처럼. 그럴 때 i의 세계에는 아무도 들어갈 수 없었다. 그곳을 통과할 여권 같은 건 없었다. 그래서 두 사람은 커튼콜 시간이 될 때까지 i를 바라봤다. 행복한 표정으로.

그런 날이 반복되며 두 사람의 표정은 조금 달라졌다. i가 자신의 세계에 홀로 너무 오래 머무는 것은 아닐까. 그런 걱정에 조금 일찍 i의 아침에 개입하는 날도 있었다. 남들은 이렇다는데, 다른 아이는 그렇다는데······.

세상에 정보가 너무 많았다. 그들은 법정에 선 검사처럼, i의 평범하지 않음을 증명해야 할 역사적 책무가 있는 것처럼, 온갖 소식과 자료 그리고 숫자를 재판장에 들이밀었다. 그 아찔한 것들에 두 사람은 기가 질릴 정도였다.

"아직도 킥보드를 안 탄다고?"

"그맘때쯤이면 혼자 먹던데?"

"잠은?"

.

.

.

"······정말?"

2

"조금 늦으면 안 되나?"

J가 물었다.

"당연히 되지. 나는 더 느렸어."

D가 답했다.

(그건 너니까······.)

J의 독백.

(너 방금 내 흉봤지?)

D의 눈치.

"그냥. 난 괜찮은데, 너무 여유 부리는 건 아닌가 싶어서. i는 더 잘할 수 있는데 우리가 게을러서 그럴 기회를 주지 않는 건 아닌가 싶어서."

그럴지도 모른다. 하지만 해맑기만 해도 좋을 시기는 봄처럼 짧다는 것을 두 사람은 알고 있었다. 그 시간을 조급함 때문에, 있지도 않은 죄책감 때문에 낭비할 수는 없었다. 그것을 변론하기 위해 푸른 봄의 시간을 사용할 수는 없었다. 그럴 시간이 있다면 버릇이 들더라도, 손 타서 고생하더라도 i를 품에 안고 내달리는 쪽을 택하고 싶었다. 하지만 그럴 때마다 장애물로 등장하는 무수한 허들들, 그것을 넘어야 했고 가끔은 걸려 넘어졌다. 그래서 아팠다.

3

i가 온 후 D가 가장 아팠던 것은 그날이었다. 조던 스콧의 그림책 《나는 강물처럼 말해요》를 봤던 그날.

i와 함께한 날부터 J와 D는 서점의 그림책 코너에 오래 머물렀다. 《나는 강물처럼 말해요》를 만난 것도 그곳이었다. 주인공으로 보이는 아이가 자신의 허리 정도 깊

이의 강에 안기듯 서 있다. 그곳에 서서 강물과 대화하듯 지그시 눈을 감고 있다. 매일 아침의 i. 그 맑은 얼굴이 겹쳐 보였다. 한 장을 넘긴다. 그곳에는 어른인 두 사람은 이미 잊어버린 낮은 곳의 시선이 담겨 있다. i의 눈높이로 바라보는 아침의 풍경이었다. J와 D가 항상 궁금해하던 풍경. i의 눈에는 지금 무엇이 보일까? 그걸 보며 무슨 생각을 할까? 두 사람은 언제나 그것이 궁금했는데, 책의 첫 장이 그것을 말해주고 있었다. 장난감, 창문, 그 너머의 햇빛. 소년은 그 모든 것에 눈길을 주고 그것과 자연스레 대화를 나누고 있었다. i의 하루. 그 첫 장면은 아마도 그런 것들로 가득했으리라. D는 생각했다. 그리고 미안해졌다.

i의 아침 연극. 그것은 아마 인사였는지 모른다. 이제 막 다시 마주한 것들에 대한 인사. 예를 들면 장난감 기차나 기린 인형, 아직도 자고 있는 고양이들.
i의 아침 연극. 그건 어쩌면 어제 보다가 잠든 넷플릭스의 재생 버튼을 누르는 것과 같을지 모른다. 그래서 어제에 이어 다시금 이야기를 담는 행동일지도 모른다. i는 그렇게 오늘 하루의 관객들에게 일일이 인사를 하고, 무대에 올라 극을 펼치느라 J와 D에게 인사하는 것을 조

금 미뤄둔 것일지도 모른다.

    왜 그것을 몰랐을까. 다름과 틀림의 정의를 알면서도 왜 불안해했을까. 그 불안에 몇 번이나 i를 다그쳤을까. 그 다그침에 i는 또 몇 번이나 영문 모를 마음이 들었을까. D는 미안해졌다. 그리고 왜 난 책 속의 아버지처럼 그러지 못했을까, 생각했다.

    너도 저 강물처럼 말한단다.

    언어 구사의 어려움을 겪는 아들에게 이렇게 말해준 그림책 속 아버지처럼 왜 그렇게 말해주지 못했을까. 왜 기다려주지 못했을까. 왜 속으로 전전긍긍하며 아파했을까. 그건 어쩌면 어린 시절의 D가 모든 것에 너무 서툴러 주변의 걱정을 끼쳤던 기억 때문인지도 모른다. 지나고 보면 그저 약간의 시간 차이였을 뿐인, 돌이켜보면 딱히 기억도 나지 않을 그런 것들이 불현듯 다시 떠올라 그랬는지도 모른다. D는 다시 책장을 넘겼다.

    "너도 저 강물처럼 말한단다."

    아버지의 이 말을 통해 자신은 말을 하지 못하는 것이 아니라 다르게 말하는 것이라는 사실을 깨달은 소년. 그는 평소라면 절대 하지 못했을 학교에서의 발표 시간에 더는 떨지 않을 수 있었다. 앞에 설 수 있었다. 그리고 말할 수 있었다. 서툴지만 한 글자씩 반 아이들 앞에서 말을 할 수 있었다. 강물처럼 때로는 유려하게 때로는 굽이치게 또 때로는 부딪히며, 강물 같은 말을 남긴다.

반 아이들의 귀에 소년의 말은 무엇처럼 들렸을까? 상상해본다. "우--"나 "아-"처럼 들렸을까. 아니면 강물처럼 들렸을까? 이 질문의 답은 책에 나와 있지 않다. 책에는 그저 강에 선 한 소년이, 그리하여 강물처럼 말하는 자신을 오롯이 받아들인 한 소년이 있을 뿐이었다.

4

D는 상상을 멈춘다. 멈춰서 강에 선 소년, 그에게 아주 오랫동안 시선을 남긴다. 소년과 대화하듯 같은 곳을 바라본다.

"아빠?"

i가 D를 부른다.

"깨어나."

i가 D를 깨운다.

"일어나"가 아니라 "깨어나"라며 D를 깨운다.

그 모습을 본 누군가는 이렇게 말한다.

"그 나이 정도면 일상 어휘는 무리 없이 할 텐데."

그 모습을 본 J는 이렇게 말한다.

"어이구, 우리 아들 고풍스럽게 말하는 것 좀 봐. 완전 셰익스피어."

그 모습을 본 D는, "깨어난다."

기다릴게

생의 절반은 기다림.

그러니 조급해할 필요도 없지.

다가오는 파도는 환영 같았다. 그 파도와 하늘과 바다와 그 뒤의 바닥까지도 똑바로 들여다보였다. 나는 그런 파도를 하나 잡아 일어섰지만, 파도는 곧 사라지고 말았다.

윌리엄 피네건, 《바바리안 데이즈》

1

기다리는 것을 잘하는 사람들이 있다. D가 그랬다. D는 잘 기다렸다. 어린 시절 약속을 지키지 않는 친구를 두 시간이나 기다린 적도 있다. 스마트폰도 없이.

반면, J는 기다리는 것을 싫어했다. 그 시간을 아까워했다. 이런 차이는 영화관을 갈 때 확연히 드러났다. 영화가 여섯 시에 시작한다면 D는 늦어도 다섯 시 반까지 도착하는 것을 좋아했다. 혹여나 발생할 문제로 제시간에 들어가지 못함이 두려웠다. J는 5분 전에만 도착하면 된다고 생각했다. 어차피 자리도, 시작 시간도 정해져 있는데 일찍 가서 할 일 없이 기다리는 것을 싫어했다. 그 간극은 다툼의 이유가 될 수도 있었다. 하지만 두 사람은 다른 방식으로 생각했다. 괜찮은 이유가 늘어난 것으로 말이다. 30분 일찍 가면 D의 이유로 괜찮고, 시작 직전에 도착하면 J의 이유로 괜찮으니까 괜찮음의 범위가 넓어졌다고 두 사람은 생각했다.

i를 기다리는 것도 그랬다. J와 D는 여유 있게 생각했다. 30분 먼저 와도 좋고, 시작 직전에 와도 좋다고 생각했다. 하지만 i의 생각은 조금 달랐던 모양이다. i는 기다리는 것은 질색이라는 듯 누구보다 빠르게 두 사람을 향해 달려왔다. 그리고 꼭 안겼다. J와 D는 준비를 다 마치지 못한 상태에서 i를 만나야 했다. 그래서 서툴렀고, 그래서 부족했다. 모든 행동에 의심이 들었고, 사랑에 관한 것을 제외한 모든 말에 의문이 들었다. 그럴 때마다 책을 펼치기도 하고, 주변 말을 경청하기도 했다. 하지만 i는 언제나 두 사람의 준비에 앞서 약속 장소에 도착했다. 그렇게 빨리 성장해갔다.

갓난아이의 성장이란 정말이지 눈부시다. 흔히 지극히 빠른 속도를 '빛의 속도'로 표현하지만 그걸 '아이의 성장 속도'라 말해도 무방할 것이다. i도 그랬다. 배가 작아 한 번에 많은 젖을 먹지 못하던 i. 그래서 가장 작은 젖병을 사두었던 J와 D. 하지만 i는 언제 그랬냐는 듯 더 큰 젖병에 담긴 우유도 한 번에 먹었다. 심지어 어제까지만 해도 목을 가누지 못하던 i였는데, 어느새 그 무거운 젖병을 스스로 잡고 먹었다. 언제 뒤집나 하는 생각은 곧장 기어다니는 i의 모습에 지워졌고, 안전 펜스에 닿을 힘도 없던 i가 어느새 펜스를 잡고 넘는 모습에 두 사람의 눈은 동그래졌다.

    i는 그만큼 기다릴 줄 모르는 성격이었다. 그래서 J와 D는 분주해져야만 했다.

2

    i는 감각이 예민했다. 그래서 맨발로 모래를 걷는 것을 싫어했다. 그 까칠하고 간지럽고 오돌토돌한 감각이 좋지 않았던 모양이다. 그럼에도 모래놀이를 좋아하던 i를 위해 J와 D는 자주 바다에 갔다. 기다림을 잘 견디지 못하는 i는 잠들었다가도 항상 바다에 도착하기 전 눈을 떴고, 차창 밖을 두리번거렸다. 그러다 바다가 나오면 손가락으로 가리켰고, 또 신나했다. D는 급히 주차하고, 트렁크를 열었다. 트렁크에는 모래놀이를 위한 준비물이 한 짐 실려 있었다. 가장 중요한 것은 돗자리와 양말이다. i는 꼭 양말과 신발을 신고 나서야 모래 위를 걸었다. 그러다 조금이라도 모래가 들어오면 멈춰서 신발 속을 털어냈다. 두 걸음에 한 번은 그러기를 반복했다. 그래서 두 사람은 짐과 함께 i를 안고 바다 가까이 걸어

가 자리를 잡았다. 모래가 잘 묻지 않는 돗자리를 펼 때까지 i는 품에서 떨어지지 않는다. 바람을 이기며 돗자리를 다 펴면 그제야 i는 땅에 발을 딛는다. 그리고 누구보다 열심히 모래놀이를 시작한다.

i가 그렇게 모래놀이를 시작하면 J와 D도 한숨을 돌린다. 준비한 간식을 먹으며, 아직 모래 삽을 사용하는 것이 서툰 i를 도우며, 세 사람은 바다에서의 시간을 보낸다. 세 사람 앞으로 펼쳐진 넓은 바다. 그 위로 서핑을 하는 이들이 줄지어 있다. 대부분 초보인지 제대로 파도를 타는 이들은 거의 없고 보드 위에 눕거나 앉아 있다. 하와이의 파도를 넘고 또 넘던 잭 존슨과 윌리엄 피네건도 언젠가 저런 모습으로 앉아 있었겠지. 두 사람은 생각한다.

3

뮤지션 잭 존슨은 서핑에 진심인 사람이다. 하와이에서 나고 자랐으니 이상한 일도 아니다. 그래서 그의 음악 중에는 바다와 서핑을 노래한 것이 많은데 〈앉아서 기다리며 바라며(Sitting, Waiting, Wishing)〉도 그중 하나다. 노랫말을 있는 그대로 보면 사랑하는 연인이 오기를 기다리고 바라는 마음이 담겨 있다 말할 수 있다. 하지만 서퍼들은 이를 다르게 해석한다. 서핑을 말하는 노래라고 말이다.

서핑하지 않는 이들에게 서퍼들의 일을 물으면 이렇게 답한다. "파도를 타는 일."

하지만 서퍼들은 이렇게 대답한다. "파도를 기다리는 일."

바다에서 서퍼들을 오랫동안 바라본 일이 있다면 이 말이 무슨 뜻인지 알 수 있을 것이다. 실제로 서퍼들이 파도를 타는 시간은 순간이다. 아무리 실력이 좋은 서퍼라 하더라도 크게 다르지 않다. 그들은 자신이 탈 수 있는 파도, 그것을 넘어 자신이 타고 싶은 파도를 간절히 기다린다. 보드 위에 앉은 채.

이 사실을 염두에 두고 다시 〈앉아서 기다리며 바라며〉를 들으면 잭 존슨이 앉은 곳이 보드 위라는 사실을, 그가 기다리고 바라는 것이 자신에게 완벽한 파도임을 알 수 있다. 하지만 그 파도는 언제 올지 알 수가 없다. 파도는 대부분 느긋하지만, 갑자기 찾아오기도 한다. 그렇기에 서퍼들은 눈을 뗄 수가 없다. 한눈을 파는 사이 그렇게 기다리던 파도가 지나쳐버리면 안 되기에 그들은 하염없이 앉아서 파도를 기다린다.

4

 기다리던 파도가 왔는지 한 서퍼가 보드에 선다. 하지만 중심을 잡지 못하고 이내 쓰러져버린다. 그사이 야속한 파도는 지나가버린다. 서퍼는 또다시 보드에 올라타 앉는다. 보이진 않지만 웃고 있는 것 같았다.

 그들이 웃을 수 있는 이유는 무엇일까. 자신에게 맞는 파도, 혹은 자신이 기다리던 파도를 마주한다는 것은 꽤나 큰 행운을 요하는데. 그렇게 기다리던 파도도 고작 몇 초를 견디지 못하고 부서지는데. 그렇게 떠난 파도는 언제 다시 올지 누구도 기약하지 못하는데. 그들은 어떻게 웃을 수 있을까. 윌리엄 피네건은 이 질문에 이렇게 답하는 듯하다.

 다가오는 파도는 환영 같았다. 그 파도와 하늘과
 바다와 그 뒤의 바닥까지도 똑바로 들여다보였다.
 나는 그런 파도를 하나 잡아 일어섰지만, 파도는 곧
 사라지고 말았다.

 윌리엄 피네건은 서퍼였다. 태평양, 오스트레일리아, 아시아, 아프리카, 페루……. 파도가 있는 곳이 그가 사는 곳이었다. 그런 그에게도 파도는 환영과 같은 존재였다. 아무리 기다려도 찾아주지 않는, 감당할 수 없을 때 도리어 쏟아져버리는, 그러고는 무심히 사라져버리는 환영. 서퍼들은 그런 파도의 속성을 잘 알고 있다. 그리고 파도는 기다릴 줄 아는 이들에게는 언제고 다시 찾아온다는 사실을 믿고 있었다. 그들이 기다림을 업으로 삼을 수 있는 이유는 그 믿음에 있었다.

고개를 돌린다. i를 본다. i는 한참 모래를 파다가 앞을 바라본다. i가 보고 있는 것은 무엇일까? 서퍼일까, 파도일까. 아니면 그 너머의 수평선일까. 그건 평생을 가도 알 수 없을 것이다. 다만 이런 상상을 해볼 수는 있다. i 역시 기다리고 있다고. 양껏 우유를 먹을 수 있을 만큼 배가 커지길. 어디든 갈 수 있게 다리에 힘이 생기길. 키가 잔뜩 커져 수평선 너머까지 바라볼 수 있길. 말하고 글을 읽을 줄 알게 되길. 그래서 이 답답한 아빠와 엄마에게 내가 원하는 것을 말할 수 있길 서퍼처럼 기다리고 있는지 모른다.

J와 D가 편 돗자리를 보드 삼아 하염없이 기다리고 있는 것인지도 모른다.

그런 i의 양말에 오돌토돌 모래가 묻어 있다.

크루아상
한입만큼의
행복

내일은 내일의 크루아상이
기다릴 테니까.

당신은 주머니에 손을 찔러 넣은 소설가 케루악의
포즈를 한 채 앞에 있는 모든 것들을 하나하나 제치며 나아간다.
내딛는 걸음걸음이 축제다.

필리프 들레름, 《크루아상 사러 가는 아침》

1

하루를 완전히 즐겁게 보낸다는 것. 그것이 불가능하다는 걸 깨달은 것은 꽤 어린 시기였다. 어린 D의 행복과 불행 비율을 돌이켜보면 8:2 정도는 되지 않았을까.

이 비율은 나이가 들수록 비례의 법칙(그런 게 있나?)에 의해 자연히 줄어든다(이렇게 말하고 나니 비례의 법칙보다는 '자연 소멸' 정도의 말이 더 어울리나 싶기도 하다). 초등학생 때는 7:3, 고등학생 때는 6:4, 스무 살 즈음에는 5:5, 그리고 진짜 성인이 되면 행복과 불행의 비율은 역전되고 만다. 물론 모두가 그렇다는 것은 아니다. 그저 D의 개인적 비율이 그랬다는 것이다.

문제는 이 비율을 다시 역전시키기 꽤 어렵다는 것인데, 그 이유 중 하나는 기준이 지나치게 높아졌기 때문이다. D는 어린 시절을 돌아본다. 당시 D에게 가장 큰 즐거움을 주던 존재는 몇 천 원 하지 않았던 손오공 캐릭터 장난감이었다. 손과 발, 머리가 돌아가는 형태의 작은 플라스틱 장난감이었는데 그걸 손에 쥐고 있을 때 D는 행복했다. 특별히 무언가를 하지 않고 그저 손에 쥐고 있는 것만으로도 행복했다. 반대로 그것을 손에 쥐고 있지 않았을 때 D는 불안을 동반한 불행의 감정을 느꼈다.

바꿔 말하면 어린 D에게 행복을 주는 방법은 아주 간단했다. 손오공 장난감을 손에 쥐어주면 그만이었다. 꼭 그것이 아니어도 괜찮았다. 다른 장난감을 주어도, 일요일 아침마다 하는 디즈니 만화를 보여주어도 그랬다. 하지만 문제는 나이다. D는 나이를 먹을수록 작은 장난감 정도로는 행복해지지 않았다. 아니, 더 좋고 더 비싼 장난감을 쥐어도 행복은 아주 짧고 허망하게 스쳐 지나갔다.

그때부터는 일부러라도 자신에게 행복을 주는 것을 찾으려 애를 썼다. 온라인 게임이라든지, 친구들과 하는 농구라든지, NBA 카드 수집이라든지, MP3플레이어와 CD플레이어로 음악을 듣는다든지……. 소위 말해 취미라 불리는 그런 것들은 어린 시절 플라스틱 장난감처럼 D에게 행복을 주었다. 지속 시간도 꽤 길었으며, 그것을 하지 못하는 불행한 시간에도 그걸 할 생각을 하면 위안이 되었다.

그러다 D는 성인이 되고, 모든 학교에서 졸업하고, 일을 하고, 공과금을 냈다. 그렇게 불행의 일들에 자신의 시간을 투자해야 했다. 그러다 보니 남는 시간은 쥐꼬리라는 상투적 표현에 어울릴 만한 것뿐이었고, 행복에 시간을 할애한다는 것 자체가 어렵다는 사실을 깨닫게 되었다. 그 깨달음 때문이었을까. D는 비가 오기 전처럼 먹구름이 잔뜩 끼었음을, 그것은 쉽게 사라지지 않을 것임을 알게 되었다. 그래서 조금 울적해졌다.

2

D는 i를 본다. "밥, 물, 엄마." 이 세 가지 조건이 충족되기만 한다면 행복이 머리끝까지 차오르는 i를 본다. 그리고 쓸데없이 혹은 제멋대로 i의 이어질 날들을 상상한다. i는 아마도 행복할 것이다. 물론 행복의 비율은, D가 그랬던 것처럼 역시 조금씩 줄어들 것이다. 그리고 언젠간 울적함을 느낄 것이다. 만약 그런 날이 왔을 때 i에게 어떻게 말해주어야 할까.

D는 책장을 뒤져 필리프 들레름의 산문 《크루아상 사러 가는 아침》을 꺼내 든다. 이 책의 시작은 말 그대로 크루아상 사러 가는 아침의 풍경이다. '당신'으로 지칭되는

누군가의 집 근처에는 맛있는 빵집이 있다. 그 빵집에서는 매일 아침 일찍부터 크루아상을 굽는다. '당신'은 크루아상이 목적이라기보다는 크루아상도 목적인 아침의 산책을 나서는데, 그때 심정을 이런 문장으로 표현한다.

당신은 주머니에 손을 찔러 넣은 소설가 케루악의
포즈를 한 채 앞에 있는 모든 것들을 하나하나 제치며
나아간다. 내딛는 걸음걸음이 축제다.

맛있는 크루아상을 사러 가는 아침. 그 아침의 '걸음걸음이 축제'라는 말은 당사자가 아님에도 행복에 겨운 감정을 전달받게 한다. 정말이지 그는 행복해 보인다. 물론 이렇게 생각할 수는 있다. 크루아상을 사는 아침이라고 해봤자 몇 분이나 되겠는가. 하루 24시간에서는 티도 나지 않을 것이다. i 역시 그렇게 생각할지 모른다. 하지만 생각해보자, 그의 하루를.

아침에 눈을 뜬다. 성인이라면 대체로 그러하듯이 힘들게 하루를 시작한다. 하지만 그는 행복하다. 아침은 맛있는 크루아상 사러 가는 시간이기 때문이다. 그렇게 행복한 마음으로 산책을 나선 그 길은 지루할 틈이 없을 것이다. 왜냐하면 맛있는 크루아상을 사러 가는 길이니까.

마침내 크루아상을 산다. 그리고 집으로 돌아오는 길. 그는 내내 행복할 것이다. 왜 아니겠는가. 집에 돌아가면 그 맛있는 크루아상을 한입 크게 베어 물 수 있는데. 집에 돌아온 후에도 마찬가지다. 크루아상을 먹기 위해 접시를 꺼내는 순간, 식탁에 앉는 순간, 그것을 먹는 순간까지. 그는 축제를 즐길 것이다. 문제는 그다음인데……

"그렇게 크루아상을 먹어버리고 나면 행복은 끝나잖아요?"

만약 i가 그렇게 묻는다면 뭐라 답해야 좋을까. D는 아주 오래 생각한다. 하지만 답을 찾을 수 없었다. 아마 두 사람의 대화를 듣던 J가 D와 i 사이에 앉으며 말할 것이다.

"내일 먹을 크루아상을 생각하면 되지."

맞다. 그러면 된다. 우리의 하루가 매일 다시 주어지듯, 축제는 매일 다시 시작된다. 한 개의 크루아상. 그것이 있다면 말이다.

나머지

답이 딱 떨어지면 정 없어 보여.

못써.

나눗셈의 나머지 같은 것이 없으면 건축은 재미가 없지. 사람을 매료시키거나 기억에 남는 것은 본래적이지 않은 부분일 경우가 많거든. 그 나눗셈의 나머지는 계산해서 생기는 것이 아니야. 완성되고 나서 한참 지나야 알 수 있지.

마쓰이에 마사시, 《여름은 오래 그곳에 남아》

1

i가 태어나기 전부터 D의 소원 중 하나는 영국 프리미어리그 축구팀 리버풀의 유니폼을 i에게 사주는 것이었다. 리버풀은 한국에서는 그다지 인기가 없는 팀이었다. 이유는 박지성이 한때 맨체스터 유나이티드에서 활약했기 때문이다. 맨체스터 유나이티드와 리버풀은 라이벌 중의 라이벌. 그래서 박지성과 맨체스터 유나이티드를 응원하는 사람들에게 리버풀은 공공의 적이었다. 그런데 D는 어쩐 일인지 그런 리버풀의 팬이 되기로 결심했다. 처음에는 제라드와 토레스라는 두 선수에게 반해 리버풀의 팬이 되었다. 그때도 성적은 그리 신통치 않았다. 시간이 흘러 토레스도 제라드도 떠난 리버풀은 그야말로 과거의 영광만 남은 중위권 팀에 불과했다. 그런데도 D는 꾸역꾸역 새벽에 일어나며 연패의 기록을 마주

했다. 대체 왜 그랬을까. D 스스로도 이해할 수 없지만 그나마 이유를 찾자면 D가 패배에 익숙했다는 것, 그리고 리버풀은 지더라도 언제나 항구도시의 팀처럼 싸웠다는 것 정도를 말할 수 있겠다.

리버풀은 영국의 유명한 항구도시다. 한때는 모든 물류가 드나드는 곳이어서 도시의 에너지가 넘치던 시기도 있었다. 하지만 철도의 시대가 열리고 또 다른 항구들이 개발되면서 리버풀의 가치는 순식간에 곤두박질쳤다. 도시의 경제 수준도 날이 갈수록 떨어졌고 돌파구 같은 것은 애당초 없었다는 듯 모든 것이 마이너스였다. 말 그대로 도시 전체가 연전연패를 기록했다. 그럼에도 리버풀에는 패배에 익숙한 이들이 남아 근근이 삶을 유지했다. 그런 리버풀의 힘이 되어준 것, 유일한 승리의 기억을 안겨준 것은 축구팀과 비틀스였다. 리버풀은 1960년대부터 무적의 신화를 써내려갔다. 우승을 밥 먹듯이 했고, 프리미어리그를 세계적 리그로 끌어올리는 데 일등공신의 역할을 했다. 그런 팀을 보며 도시의 노동자들은 아낌없는 환호를 보냈고, 그 소리는 지금까지도 리버풀의 스타디움 안필드를 원정팀의 무덤으로 불리게 하고 있다.

비틀스도 그랬다. 리버풀 출신의 네 소년이 결성한 밴

드 비틀스는 리버풀에 있는 캐번 클럽에서 연주를 시작했고, 리버풀을 첫 출발지 삼아 역사상 최고의 밴드로 자리매김했다. 이 역시 리버풀 사람들에게는 승리의 기억이자 영광의 기억이다.

i의 첫 유니폼은 오랜 암흑기를 거쳐 다시 경쟁력 있는 팀이 된 리버풀의 핵심 선수 피르미누의 이름이 새겨진 것이었다. 아이의 이름을 새기는 대신 D는 그해 자신이 가장 아낀 선수의 이름이 적힌 유니폼을 선물하고 싶었다. 피르미누는 리버풀의 최전방 공격수였다. 하지만 골을 넣는 것보다는 주위 동료들에게 공을 연결해주고 경기 내내 궂은일을 마다하지 않는, 말하자면 리버풀의 엔진 같은 선수였다. 이 시기 리버풀은 언제 우리가 암흑기였냐는 듯이 우승에 가까워지고 있었다. 재미있는 것은 리버풀은 암흑기일 때도 항구도시 팀답게 선 굵은 플레이를 했고, 지금도 같은 축구를 하는데 결과는 전혀 달랐다는 것이다. 팀을 응원하는 이들의 목소리도 달라진 것은 없었다.

지금도 아찔했던 기억 중 하나는 임신 후반기인 J가 잘 잠들지 못하고, 잠들어도 자주 깨던 어느 날이었다. D는 리버풀 경기를 보고 있었고 J는 겨우 잠들었다. 그런

데 리버풀이 패배 직전, 극적인 중거리 원더골을 통해 경기를 뒤집어버린 것이다. 평소에 잘 흥분하지 않는 D였지만 그때만큼은 주먹을 불끈 쥐고 자신도 모르게 환호성을 질렀다. 그 소리에 깬 J는 고작 리버풀의 역전골 때문에 겨우 든 잠을 놓쳤다는 생각에 버럭 화를 냈다. 어찌나 미안하고, 또 어찌나 기뻤는지……. D는 지금도 그때를 생각하면 미묘한 표정을 짓게 된다.

"리버풀 잘해?"

초창기, 리버풀을 전혀 모르던 시기, 그러니까 리버풀이 아직은 암흑기였던 그 시기, 리버풀 경기를 보는 D에게 J가 물었다.

"객관적으로 보면 못하지."

"i가 태어나면 리버풀 유니폼 사줄 거지?"

"당연하지."

"객관적으로 못하는 팀인데도?"

"응."

"에휴, 우리 i도 고생 좀 하겠다. 응원하는 팀은 바꾸기 쉽지 않다던데."

그런 말이 있다. 《피버 피치》를 쓴 닉 혼비에 의하면 "모든 걸 다 바꿔도 어린 시절부터 응원한 팀을 바꾸는 것은 불가능하다." D는 그 말이 무엇인지 아주 잘 안다. 부산에서 태어났다는 이유로 롯데자이언츠의 팬으로 운명 지어진 D는 롯데가 싫어 죽겠지만, 다른 팀을 응원하는 것은 상상이 되지 않았다. D 역시 시도를 하지 않은 것은 아니다. 여러 번 다른 팀의 매력을 연구해보기도 하고, 비슷한 지역 연고팀인 NC다이노스가 창단되는 것을 보면서도 D는 롯데를 버리지 못했다. 그 대신 D는 아예 야구를 버렸다. 롯데를 응원할 마음이 생기지 않으니 야구를 볼 의미도 없어졌기 때문이다. 이렇듯 어린 시절 응원하기 시작한 팀은 절대 바꿀 수가 없다. 아마 i도 그럴 것이다. 그 역시 프리미어 리그를 안 보면 안 봤지 리버풀 아닌 다른 팀을 응원하지는 못할 것이다.

"그런데 왜 그렇게 좋은 거야, 리버풀이? 가본 적도 없잖아?"

J가 물었다. 맞는 말이었다. D는 리버풀은커녕 영국도 가본 적이 없었다. D가 리버풀에 대해 아는 것은 모두 리버풀 팀을 사랑한 뒤 글로 배운 것이었다. 그럼에도 D는 누구보다 리버풀 전문가처럼 행세했다.

"난 저런 게 좋아."

"어떤 게?"

그 순간, 리버풀의 알렉산더 아놀드가 수비 진영에서

부터 공격진에게 대지를 가르는 패스를 넣었다. 하지만 공격수들이 미처 공을 컨트롤하지 못해 공은 이상한 곳으로 흘러버렸다.

"못 넣었잖아?"

J는 자신이 못 본 게 있냐는 표정으로 물었다.

"그래도 좋아. 시원하잖아."

"시원하긴 하네. 그래도 못 넣었잖아?"

그날 경기를 이겼는지는 기억하지 못했다. 중요한 건 그게 아니었다. 대지를 가를 만큼 시원한 플레이. 그것을 보며 D가 바다를 생각했다는 것이 중요했다.

2

마쓰이에 마사시의 소설 《여름은 오래 그곳에 남아》에는 노년의 건축가가 등장한다. 그는 건축에 대해 묻는 젊은 건축가에게 이런 말을 해준다.

> 나눗셈의 나머지 같은 것이 없으면 건축은 재미가
> 없지. 사람을 매료시키거나 기억에 남는 것은
> 본래적이지 않은 부분일 경우가 많거든. 그 나눗셈의
> 나머지는 계산해서 생기는 것이 아니야. 완성되고

나서 한참 지나야 알 수 있지.

D는 이 말이 꼭 리버풀을 설명하는 말 같아 좋았다. 리버풀 축구에는 언제나 '나머지'가 있었다. 골이라든지 승리라든지 우승 같은 것들. 정확한 셈으로 결정되는 숫자의 페스티벌. 리버풀에게 그것은 부차적인 것이었다. 그들에게 중요한 것은, 아니, 그들을 사랑하는 우리에게 중요한 것은 나머지였다. 한 경기를 위해 싸우는 감독과 선수의 철학, 패배할지언정 스타일을 버리지 않는 우직함, 파도가 쳐도 일단은 몸을 들이미는 야수성. 리버풀에는 그런 '나머지'가 있었다. 마쓰이에 마사시는 그런 나머지가 있는 건축이 재미있는 건축이라 했는데, D는 i에게 이 말을 조금 변형해 전하고 싶었다.

"인생도 나머지가 많은 인생이 더 즐거운 거야."

D는 맥주를 한잔 들이켰다. 경기 시작한 지 어느덧 90분이 다 되어가고 있었다. 리버풀은 역전을 위한 마지막 중거리 슛을 날렸다. 공은 시원하게 뻗었다. 관중석으로. 경기는 졌지만 J와 D의 맥주잔은 아직 반 이상 채워져 있었다.

노래가
되어

세상이 멸망해도 울 필요는 없어.

우리가 곁에 있을 거니까.

여름이란다. 그리고 삶은 평온하지
물고기는 뛰어오르고 목화는 잘 자랐다네
오, 아빠는 부자고 엄마는 미인이란다
그러니 쉿, 아가야, 울지 마렴

듀보스 헤이워드, <서머 타임>

1

영화 <돈 룩 업>의 마지막 장면은(여기서부터는 스포일러이니 영화를 보실 분이라면 이 페이지를 넘어가시길) 꽤 인상적이다.

지구로 맹렬히 날아오는 행성 때문에 지구 멸망이 얼마 남지 않은 그때. 사실 얼마 남지 않았다 말하기도 민망한, 그야말로 몇 분 후면 지구가 멸망할 것이 자명한 그때. 주인공의 가족과 사랑하는 지인들은 함께 식탁에 모여 앉는다. 그리고 별다를 것 없는 저녁 모임이라는 듯이 음식을 먹고 이야기를 나눈다. 그러는 사이 지구 멸망은 카운트다운을 시작하고, 식탁이며 집이며 지구 전체가 진동한다. 그때 주인공은 주위를 둘러보며 이렇게 말한다.

"생각해보면 우린 정말…… 부족한 게 없었어. 그렇지?"

그 말에 가족들이 고개를 끄덕였는지는 알 수 없다. 그 순간 지구는 멸망해버렸으니까.

J와 D는 이 마지막 장면이 꽤 마음에 들었다. 같은 순간이 왔을 때, 너라면 어떻게 할 거냐고 묻는다면 D 역시 그렇게 할 것이었다. 사랑하는 가족과 함께 식사를 하고, 가장 좋았던 기억과 가장 행복했던 순간을 복기하며, 또 말로 내뱉으며 마지막 시간을 보낼 것이었다. 그리고 가능하다면 영화 속 주인공처럼 "생각해보면 우린 부족함 없이, 행복하게 잘 살았어"라며 사랑을 나누고 싶었다. 그것이 거짓말이라 할지라도.

2

〈돈 룩 업〉 주인공의 말은 진심이었을까, 거짓말이었을까? J와 D는 생각한다. 부족함이라는 키워드에 집중한다. 그가 생각하기에 그들의 삶은 정말 부족함이 없었을까? 멸망으로 인해 애써 구축한 삶을 빼앗기려 하는데 그럼에도 부족함이 없었다 말할 수 있을까? 그 말을 뱉는 순간, 수만 가지 잘해주지 못했던 장면이 머릿속에 흘러갔을 텐데 그 말을 진심으로 내뱉을 수 있었을까? 대화 끝에 내린 두 사람의 결론은 반은 맞고 반은 아니라는 것이었다.

주인공의 말은 진실이다. 좋은 일도, 좋지 않은 일도 있었지만 가족과 함께한 그 모든 것을 삶이라는 그릇에 넣고 봤을 때, 넘치는 것까지는 아니더라도 부족한 것은 없었다 말할 수 있을 것이다. 반면, '주인공의 말은 거짓이었다'라고 생각한다면 거기에는 이런 가정이 들어간다. 그것이 마지막 한 마디이기에 탈락해야 했던 수많은 말들이 있었을 것이라는 가정. 그렇다면 그의 말은 그것 자체로는 진심이지만, 최선의 진심은 아닐 수도 있다. 더 하고 싶었던 말, 더 해야만 했던 말, 그런 말들이 있었을지도 모른다. 그런 가정을 한다면 그의 말은 거짓이다.

거기까지 생각을 이어갔을 때, 두 사람은 하나의 조건 변수를 잊고 있다는 걸 깨달았다. 영화 속 그 순간은 그야말로 찰나의 순간이다. 이제 1초 후면 모든 것이 끝난다는 조건이 있었다는 걸 말이다. 그런 조건에서는 가장 먼저 나온 말이 가장 진실한 말일 가능성이 높았다. '오컴의 면도날 법칙'에 따르면 진실을 가릴 때 가장 좋은 방법은 면도날로 도려내고 도려내고 또 도려내는 것이다. 그리고 마지막에 살아남은 가장 단순한 것이 진실이라고 하는데, 이 법칙에 따르면 주인공의 말은 최선의 진심에 가까울지 모른다.

"그래도 뭔가 좀 아쉽지 않아?"

J가 묻는다.

"뭐가?"

"만약에 우리가 그 상황이었다고 봐. 테이블에 우리 셋이 둘러 앉아 있고. 이제 1초 후면 세상은 멸망해. 그럼 자기는 뭐라고 말할 거야?"

D는 생각한다. "부족함 없이 행복했어." 그 정도의 말을 할 수 있다면 정말 성공한 삶일 것이다. 그런데 지금 당장 그런 일이 생긴다면? 그 말을 해서는 안 될 것 같았다. i가 마지막으로 듣는 말이 고작 그것이면 안 될 것 같았다.

"그런데 어떤 말을 해도 성에 차지는 않을 것 같지?"

J의 말대로였다. 성에 차는 말은 없었다. 왜 아니겠는가. 곧 세상이 멸망한다는데.

"그럼 이건 어때?"

"뭐?"

"세팅을 조금 더 해보는 거야. 테이블 위에 우리에게 의미 있는 음식들을 올리고, 사진첩도 몇 개 꺼내놓고 하는 거지."

J는 고개를 끄덕인다.

"나쁘지 않네."

"그리고 노래도 한 곡 틀자."

"김동률 틀려고 그러지?"

"아닌데?"

"박지윤?"

"아니."

"또 비틀스?"

"아니."

"그럼 뭐?"

"음…… 예를 들면 이런 거."

3

여름이란다. 그리고 삶은 평온하지
물고기는 뛰어오르고 목화는 잘 자랐다네
오, 아빠는 부자고 엄마는 미인이란다
그러니 쉿, 아가야, 울지 마렴

여름밤, 라디오에서 자주 흐르는 음악 중에는 〈서머타임(Summer Time)〉이라는 곡이 있다. 조지 거슈윈의 곡으로, 듀보스 헤이워드의 소설 《포기(Porgy)》를 바탕으로 작곡한 오페라 〈포기와 베스〉에 등장하는 음악이기도 하다. 이 곡은 〈포기와 베스〉 1막에 등장하는데 어부의 아내 클라라가 아기를 재우면서 부른다. 말하자면 아이의 마음을 평온하게 만드는 그런 자장가다.

가사만 봐도 아이는 부족함이 없어 보인다. 삶은 평온하고 물고기도 잔뜩 잡을 수 있고, 팔면 돈이 될 목화도 잘 자라고 있다. 게다가 아빠는 부자이고 엄마는 미인. 그러니 쉿, 아이는 울 이유가 없다. 가사를 그대로 받아들인다면 말이다.

하지만 이 노래를 부른 엄마와 아빠는 미국 남부에 사는 가난한 흑인 부부였다. 오페라의 배경이 1920~30년대인데 이 시기 미국 남부에 사는 흑인들의 삶이란 그리 녹록치 않았을 것이다. 오페라의 주된 내용도 그런 것이며, 캐스트 역시 백인 배우는 한 명만 등장한다. 오페라는 시종일관 어둡고 주인공 포기를 비롯한 흑인들의 상황은 나아질 기미가 보이지 않는다. 그럼에도 포기가 내일을 향해 살아가는 그 이유는 아이 때문이다. 자신의 품에 안긴 작고 작은 아이. 소멸해가는 어른들과 달리 이제 막 세상에 태어난, 그래서 자신들이 겪었던 일을 답습할지도 모를 아이. 그 아이의 내일에 가능한 돌부리 하나라도 치워주려 포기는 삶을 이어 나간다. 그리고 노래한다, 〈서머 타임〉을.

이 노래는 수많은 재즈 뮤지션들이 커버했다. 엘라 피츠제럴드의 버전도 유명하지만 이 노래만큼은 머핼리아 잭슨 버전이 더 잘 알려져 있다. 머핼리아 잭슨 역시 흑인 노예의 손녀로 태어났다. 〈포기와 베스〉 속 아이와 비슷한 처지다. 그래서 그녀는 정규교육을 받기는커녕 악보 읽는 법도 알지 못했다. 어린 시절부터 가정부, 세탁소와 식당 종업원 일을 전전하며 고된 삶을 살았고, 주말이면 교회 성가대에서 노래하며 유일한 위안을 얻곤 했다. 그러던 어느 날, 장례식에서 부른 노래가 한 레코드 직원의 귀에 들어갔고 그녀는 가스펠 가수로서의 삶을 시작할 수 있었다. 흥미로운 점은 그 시절 다른 가수들과 달리 큰돈을 주는 야간 업소에는 절대 출연하지 않았으며, 마틴 루서 킹의 흑인 인권운동에는 두말하지 않고 참가해 목소리를 높였다는 것이다. 포기가 아이의 내일을 위해 자장가를 불렀듯, 그녀도 흑인 아이의 내일을 위해 노래했던 것이다.

4

D는 세상 멸망의 날, 그 노래를 틀어두자 말한다. J는 그 마음을 이해했다는 듯 돌아가는 LP를 가만히 바라보

왔다. 찐득한 여름밤 같은 목소리, 멜로디 그리고 리듬. 그럼에도 노래는 행복한 것들로 가득 차 있다. 물론 그것은 거짓이다. J와 D도 알고 있다. 하지만 거짓이면 또 어떤가. 물론 그것은 거짓이다. J와 D도 알고 있다. 하지만 거짓이면 또 어떤가. 두 사람은 그렇게 생각한다. 오지 않은 내일, 팀 버튼의 영화 〈빅 피쉬〉는 그것을 견디는 법을 아주 잘 보여준다. 영화 속 주인공은 아버지의 허황된 거짓말에 질려 하면서도 그것이 아버지와 자신의 삶을 동화로 만들어주었다는 사실을 인정한다. 우리의 오늘이 동화가 될 수 있다면 내일의 현실 따위, 알 바 없지 않나? 두 사람은 그렇게 생각한다. 게다가 아이가 울지 않을 수 있다면 그뿐이다. 마지막 순간까지 방긋 웃을 수 있다면 그뿐이다. 또 운이 좋다면 멸망의 그 순간에도 기적은 일어날 수 있다.

아침이면 너는 노래하며 일어날 거야
너는 날개를 펴고 하늘을 차지하게 될 거야
아침까지 누구도 너를 해치지 못할 거야

〈서머 타임〉의 마지막 이 가사가 거짓이 아닌 현실이 되려면 필요조건이 하나 있다.

"왜냐하면 아빠와 엄마가 너의 곁에 있을 거니까."

두 사람은 어떻게든 그 조건을 채워주기로 마음먹는다. 거짓말같이 잠든 i를 사이에 두고.

마주
앉아

팔 뻗으면 닿을 곳에 함께할 수 있는 이가 있다면
더 바랄 것이 없지.

부부가 함께 살면서 음식을 준비하고 나누는 의식을
반복하면서 차츰 서로에게 익숙해지며
인생을 터득해가는 그 과정이 오롯이 사랑의 전주곡이 된다.
함께 음식을 나눌 누군가가 있다는 것은 진정 삶의 축복이다.

제임스 설터·케이 설터, 《위대한 한 스푼》

1

"앞으로나란히!"

선생님의 구령에 맞춰 두 팔을 앞으로 뻗는다. 앞 사람에 최대한 가까이, 하지만 닿지는 않게. D는 친구 등에 자기 손이 닿는 것을 꺼렸다. 앞에 선 친구가 싫어할 수도 있으니까. 그런 별것 아닌 이유였다. 그래서 앞으로나란히를 할 때도 손가락 정도의 거리를 두었다. 그것이 맞는 것이라 생각했다. J는 그런 쓸데없는 것에 신경 쓰고 에너지를 낭비하는 것을 꺼렸다. '그게 뭐가 중요해.' J는 생각했다.

그래서일까. i를 처음 마주한 D가 두 팔을 어찌하지 못한 채 엉거주춤했던 것에 반해, J는 i를 와락 품에 안았다. 그것이 맞는 간격이라 J는 생각했다. 덕분에 i는 굶지 않을 수 있었다. J의 품에 안긴 덕에 i는 젖을 물 수 있었다. 배를 채울 수 있었다. 그런 두 사람을 보며 D는 생각했다. 앞으로 뻗은 i의 짧은 팔을 보며 생각했다. 두 사람은 서로에게 꼭 맞는 앞으로나란히를 하고 있구나. 언제 저런 걸 배웠지? 감탄했다.

병원과 조리원을 나서 집에 온 뒤에도 두 사람의 앞으로나란히는 계속되었다. i는 한 뼘이나 될까 그 짧은 팔을 앞으로 뻗었다. J는 그런 i의 간격에 맞게 팔을 접어 i를 안았다. 그러면 i의 입은 J의 가슴에 꼭 맞게 닿았다. i는 스스로 젖병을 잡을 수 있게 될 때까지 엄마의 품에 안겼다.

이후 세 사람 사이에는 몇 번의 간격 조절이 필요했다. i가 이유식을 먹기 시작할 무렵, 두 사람은 i의 입에 최대한 가까이, 하지만 안길 정도는 아닌 간격으로 섰다. 부스터 의자에 앉은 i는 턱받이를 한 채 두 사람을 번갈아가며 보았다. 그리고 티스푼만 한 숟가락이 다가올 때마다 입을 벌렸다. 이때, J와 D의 등은 굽어 있었고 거북목을 걱정해야 할 만큼 불편한 자세를 유지해야 했다. 하지만 두 사람은 몰랐다. 그것이 그리도 불편한 자세였는지. 그저 입을 벌리며 손을 뻗는 i에게 더 빨리 이유식을 떠먹여주고 싶은 마음뿐이었다. 새로운 재료로 만든 이유식을 한입 꿀꺽 먹을 때면 적당한 간격이고 뭐고 생각하지 않은 채, i를 꽉 안아주고픈 마음이었다.

이유식의 시간이 끝날 때쯤, i는 새로운 앞으로나란히를 배워야 했다. 그것은 다른 사람과의 간격 조절이 아닌 자신의 손과 입, 밥과 몸의 간격을 조절하는 일이었다. 아직 팔 움직임이 익숙하지 않은 것일까? i는 포크를 든 손을 입까지 가져가는 데 약간의 시행착오를 겪었다. 입이 먼저 나가기도 하고, 손이 너무 늦게 도착하기도 했다. 그 사이 음식은 떨어지기도, 운 좋게 입에 들어가기도 했다. 그래서 i의 식사 시간이 끝나면 바닥은 한바탕 난리가 났다. 그 난리의 끝에 한 사람은 i의 입으로 손을 뻗었고, 다른 한 사람은 바닥에 손을 뻗었다. 그렇게 한참 정리를 하고 나서야 한 끼의 시간은 마무리되었다. 그리고 세 사람은 서로의 간격을 좁힌 채 잠들곤 했다.

2

'이 시간이 몇 번 반복되어야 할까?'
이유식 재료를 다듬던 J는 생각했다.
'이 시간이 몇 번 반복되어야 할까?'
닭 가슴살의 비린내를 지우려 바닥을 닦던 D는 생각했다.

두 사람의 모습을 물끄러미 바라보던 i는 생각했을 것이다.

'졸리다.'

먹고, 자고, 먹고, 자고. 성인의 이 반복이 생존과 밀접하게 관련이 있다면, 아이들은 성장에 가깝다. i 역시 그랬다. 흘리는 게 반인 식사임에도 그 시간을 마칠 때면 i의 볼은 부풀어 올랐다. 새벽에도 몇 번이나 깨는 불편한 잠의 시간을 보낸 뒤에도 i의 팔과 다리는 반드시 자라 있었다. 뻗은 두 팔이 머리 위에 닿지 않을 만큼 짧던 시기는 그야말로 찰나에 불과했다. 그러자 두 사람과 i의 간격은 조금씩 더 멀어져야 했다. 더는 예전처럼 i를 품에 안거나 i에게 바짝 붙을 수 없었다. 그러면 밥을 먹이기 오히려 불편했다. 거북목을 해야 했던 그때와는 반대의 이유로. J와 D는 앞으로나란히 간격을 조금 벌렸다. 그 간격 사이로 이유식 그릇은 식판으로 바뀌었고, 실리콘 숟가락은 스테인리스 숟가락과 포크가 되었다.

"엄마, 커피 마실 거야?"

아침밥을 앞에 두고 i가 이렇게 묻기 시작한 것은 그쯤이었다. i는 어느새 일인분의 자리를 차지하고 있었다. 아침을 챙겨 먹을 만큼 부지런하지 않던 두 사람은 커피

한 잔으로 그 시간을 대신하곤 했다. J가 커피 머신의 전원을 누르는 사이 D는 뜨거운 물을 받았다. i는 한참 딴 짓하다가 "밥 먹어야지"라는 소리에 폴짝 뛰어 식탁 의자에 앉는다. 그리고 두 번, 커피 내리는 소리가 들리고 세 사람은 마주 앉아 아침 식사를 시작한다.

하루는 i가 그런 두 사람을 가만히 보고 있다가 이렇게 말했다.

"오늘은 커피, 내가 할게."

그러더니 서툴지만 천천히 빨간색 버튼을 눌러 커피 머신 전원을 켜고, 캡슐을 넣고, 데미타세 잔을 정중앙에 정확히 놓고, 파란 버튼을 누르고, 추출된 에스프레소를 뜨거운 물이 담긴 잔에 옮겨 담고 뒤로 돌아 J와 D를 보며 씨익 웃었다.

"커피 다 됐습니다! 고마워!"

i는 두 사람이 해야 할 말까지 선점한다. 이어서 i는 손잡이를 잡고 조심스레 두 사람에게 다가와 커피 잔을 건넨다. 앞으로 나란하게 팔을 뻗어 커피를 건넨다. 그러고는 의기양양하게 자기 숟가락으로 밥을 한입, 포크로 반찬을 한입 먹는다. 그날은 커피가 다 식을 때까지 한 모금도 마실 수 없을 것만 같았다.

3

평소 D는 식사에 큰 의미를 두지 않았다. 때가 되면 먹는 것이고, 때가 되어서 먹지 못해도 다음 때가 있으니 큰 문제없다는 식이었다. J는 반대였다. 제대로 차린 한 상의 가치를 아는 사람이었고, 혼자 먹더라도 반찬을 정성스레 꺼내놓고 먹는 스타일이었다. 그래서 제대로 끼니를 챙기지 않는 D를 보며 J는 답답해했다.

"이 맛있는 걸 왜 놓치려고 하지? 아깝게?"

사실 D는 모르지 않았다. 함께 먹는 한 끼가 얼마나 즐거운 것인지 잘 알고 있었다. 특히 결혼 후 작은 식탁에 마주 앉아, 현관과 식탁, 부엌이 세 걸음이면 닿을 만한 그곳에 J와 마주 앉아 늦은 저녁과 아침을 먹기 시작한 후부터는 그 시간을 놓칠 때면 괜스레 아쉬운 마음이 들 정도였다. 그리고 언제 샀는지 기억도 못하는 책을 우연히 펼쳐 본 뒤 그 마음은 더 커졌다.

《위대한 한 스푼》이라는 밋밋한 제목의 책을 왜 읽고 싶었을까? 읽어야 할 새 책이 그렇게나 많았으면서. 아무리 생각해도 이유를 알 수 없었다. 하지만 그 책을 마지막까지 단숨에 읽은 이유는 분명했다. 글이 좋았다. '화려하게 차린 밥상은 아니지만 온기가 제대로 느껴지는 가정식'을 문장으로 옮긴다면 이 책이 되지 않을까 싶었다. 책을 다 읽은 뒤 D는 작가의 이름을 찾아보았다. 책에는 '제임스 솔터'라고 적혀 있었다. D의 추천으로 J 역시 이 책에 빠져들었는데 두 사람은 '이렇게 글을 잘 쓰는 작가를 왜 몰랐지?'라고 같은 생각을 공유했다. 그런 기분 좋은 의문을 가지고 책날개에 적힌 작가 소개를 보던 D가 의아한 표정을 지었다.

"왜?"

"이 작가, 소설가라는데?"

"그래? 뭐 썼는데?"

"A Sport and a Pastime."

"어디서 많이 들어본 거 같은데……."

"Pastime이 무슨 뜻이지?"

"뭐, 취미 같은 거?"

"그럼 스포츠와…… 여가?"

"제임스 설터?"

누군가 이 대화를 듣고 있었다면 얼마나 어이가 없었을까. J와 D 두 사람이 함께 사랑하는 작가 리스트 중에는 제임스 설터가 있었다. 그의 단편집 《가벼운 나날》을 읽은 후 두 사람은 이 작가에 푹 빠졌다. 이후, 제임스 설터의 소설과 산문을 볼 때마다 두 사람은 감탄했다. 《스포츠와 여가》도 그 중 한 권이었는데,《위대한 한 스푼》의 작가 제임스 '솔터'가 그 작품을 썼다는 것이 아닌가? 두 사람은 동시에 소리쳤다.

"솔터가 설터였어!?"

그 기분 좋은 우연과 발견에 두 사람은 한참 제임스 설터 이야기를 했고, 또 한참《위대한 한 스푼》이야기를 했다. 그리고 그 안에 담긴 가장 행복한 문장을 나눠 먹었다.

부부가 함께 살면서 음식을 준비하고 나누는 의식을
반복하면서 차츰 서로에게 익숙해지며 인생을
터득해가는 그 과정이 오롯이 사랑의 전주곡이 된다.
함께 음식을 나눌 누군가가 있다는 것은 진정 삶의
축복이다.

이 말은 일찍이 함께하는 식사의 즐거움을 알고 있던 J에게는 당연한 것이었지만, 이제 막 그 즐거움에 눈을 뜬 D에게는 답안지 같은 것이었다. 왜 그 시간이 좋은 걸까? 왜 배고프지 않은데도 J가 퇴근하면 함께 식탁에 앉고 싶었던 것일까? 이 질문에 관한 정확한 답이었다. 서로의 취향을 알아가고, 서로의 입맛을 공유하고, 적당한 간격으로 앞으로나란히를 하듯 어느 누구에게도 치우치지 않는 완벽한 간격의 식탁을 차리는 것. 그리하여 손을 잡기에도 좋고, 술잔을 부딪치기에도 좋으며, 눈을 마주보거나 맘껏 웃어도 좋을 식탁에 마주 앉는다는 것. 그래도 좋을 사람이 있다는 것. 그것은 제임스 설터의 말처럼 진정 삶의 축복이었다.

 i는 어떨까? i도 그렇게 생각할까? 식탁에 마주 앉은 두 사람이 i에게도 삶의 축복처럼 느껴질까? 그랬으면 좋겠다고 J와 D는 생각한다. 그리고 서두른다. 어느새 어린이집 등원 시간이 다가오고 있었다.

별의
아이

걷다 보면

알게 될 거야.

봄이 가고, 여름이 가고, 가을, 코스모스가 훌훌이 떨어지는 날
우주의 마지막은 아닙니다.
우리는 서릿발에 끼친 낙엽을 밟으면서
멀리 봄이 올 것을 믿습니다.
노변에서 많은 일이 이뤄질 것입니다.

윤동주, <화원에 꽃이 핀다>

1

D는 어린 시절부터 "착하다"는 말을 자주 듣곤 했다. 그건 D가 정말 착해서 그런 것일 수도 있지만, 대부분은 범용적인 의미로 사용되곤 했다. 사람들은 D가 내성적이어서 말이 없을 때, 그래서 자신의 주장을 잘 내세우지 못할 때, 그래서 상대의 말을 수용하고 상대의 의견에 잘 따라갈 때 이렇게 말했다.

"D는 참 착해."

D는 자존감이 높은 편이 아니었다. 내세울 만한 능력이 없기도 했고, 겉으로 드러나는 어떤 것도 특별하지 않았다. 그렇기에 자존감을 드러내고 싶을 때도 그저 겸손하곤 했다. 착하게.

그런 D가 자존감이란 것을 하나씩 주머니에 넣기 시

작한 것은 J와 만난 뒤부터였다. D의 삶은 영유아검사를 하면 평균 이하로 표시될 5퍼센트 안쪽에 서 있었다. 평균적으로 마땅히 있어야 할 위치에서 마흔다섯 걸음 정도 뒤에 서 있었다. 직장도, 성취도, 집도, 은행 잔고도 그 정도에 있었다. 그때쯤 J를 만났다. 다행히 J는 평균의 함정을 아는 사람이었다. 그는 전체 능력치의 평균을 보기보다는 자신이 선호하는 능력의 수치를 볼 줄 아는 사람이었다. 다행히 D는 J가 관심 있어 하는 능력치가 높은 편이었다.

영화 〈머니볼〉에는 오클랜드 애슬레틱스라는 가난한 구단을 맡은 단장 빌리 빈이 등장한다. 실존 인물이기도 한 그는 가난한 구단을 거시적으로 바라보고 좌절하는 그런 인물이 아니었다. 그는 선수가 가진 능력 중 가장 특출난 부분을 미시적으로 바라볼 줄 아는 단장이었다. 오클랜드 애슬레틱스는 우승권에서 노는 팀이 아니었다. 그렇기에 우승을 목표로 할 필요가 없었다. 그래서 과감한 실험을 해볼 수 있는 팀이기도 했다. 빌리 빈은 이 팀에 자신이 이상적으로 생각하는 '머니볼' 시스템을 도입한다.

'머니볼' 시스템은 스타성 짙은 선수를 사지 않는다. '머니볼'에서 중요한 것은 오직 '출루율'이었다. 얼마나 많이 베이스에 진출할 수 있느냐 그것만 판단했다. 안타든 홈런이든 볼넷이든 심지어 빈볼이든 방법은 상관없다. 출루만 할 수 있다면 좋았다. 심지어 그 능력을 제외한 다른 능력은 떨어지는 편이 좋았다. 그래야 더 적은 비용으로 선수를 데려올 수 있으니까. 빌리 빈은 그런 자신만의 기준을 세우고 선수를 영입한다. 그 결과는 어땠을까? 오클랜드 애슬레틱스는 모두의 예상을 깨고, 높은 순위로 시즌을 마무리한다.

D에게 J는 빌리 빈이었다. 능력의 총합이 아니라 D가 가진 특별한 부분을 발견해 그것을 아껴주는 빌리 빈이었다. 그런 J 덕에 D는 자신이 잘하는 것을 더 잘하는 법을 배웠다. 그리고 그렇게 살아도 괜찮다는, 자신의 방식으로 타석에 서도 된다는 것을 허락받았다.

그리고 D는 출루했다. 안타든 홈런이든 볼넷이든 가리지 않고 출루했다.

2

J와 D, 그 사이에 유아차, 그 안에 i가 쌔근쌔근 잠든 밤. 그 밤의 놀이터에는 아무도 없었다. 간혹 구름이 있었고 별은 왜인지 많았다. 그래서 하늘을 오래 바라보았다.

그 하늘은 언젠가 J와 D 사이에 i가 없던 어느 날을 떠올리게 했다. 두 사람이 함께 좋아하는 가수 이소라의 공연을 본 날이었다. 공연의 마지막 곡은 〈난 별〉이었다. 이소라는 공연 내내 고개를 푹 숙인 채 숨을 쉬었고, 가끔 고개를 들어 객석을 바라보았다. 마지막 곡을 부르기 전에도 그랬다. 그녀는 고개를 숙이고 숨을 쉬었고, 고개를 들어 천천히 객석을 바라보았다. 그곳에 온 모든 이들과 눈을 맞추고 싶다는 듯 천천히 시선을 움직였다. 그러고는 이렇게 말했다.

"난 별, 여러분도 별."

우리 모두가 별이라는 말. 두 사람은 언젠가 그런 이야기를 본 적이 있다. 우리 몸을 이루는 원소는 그 언젠가 빅뱅으로 우주가 시작되고, 별이 태어나고 또 죽고, 그로 인한 파편들로 또 다른 별이 만들어지는 그 역사의 조각을 받아 완성된 것이라고. 그렇기에 우리는 우주의 아이이며 우리 모두는 별에서 왔다는 이야기.

또 어떤 이들은 우리가 옛날부터 하늘을 바라보고 별을 관찰하고, 심지어 별자리를 만든 것도 같은 원소간의 이끌림이라 말하기도 했다. 두 사람은 그 두루뭉술한 해석에도 고개를 끄덕였다. 그 논리를 인정한다기보다는 그 논리의 아름다움에 감탄하는 고갯짓이었다.

3

공연장을 나선 두 사람은 걸었다. 그날 하늘이 어땠는지는 기억나지 않는다. 아마도 특별하지 않았으리라. 먼지도 구름도 잔뜩. 그래서 별은 보이지 않는 곳에서 반짝이고 있었으리라. 그날 하늘이 어땠는지는 기억나지 않는다. 하늘만 보며 걷다간 넘어지고 마니까. 별의 아이도 무릎이 까지는 건 아프고 슬프니까. 또 두 사람이 사랑한 시인 윤동주가 언젠가 이렇게 썼으니까.

봄이 가고, 여름이 가고, 가을, 코스모스가 훌훌이
떨어지는 날 우주의 마지막은 아닙니다.
우리는 서릿발에 끼친 낙엽을 밟으면서 멀리 봄이 올
것을 믿습니다.
노변에서 많은 일이 이뤄질 것입니다.

하늘을 바라보고 별을 사랑하는 일. 두 사람이 아는 사람 중 그것을 가장 잘 하는 이는 윤동주였다. 시로 만난 윤동주는 언제나 별을 바라보고 있었다. 하지만 그런 윤동주도 시를 짓고 산문을 적을 때, 시어 하나, 문장 하나가 떠오르지 않을 때, 그래서 스스로를 믿을 수 없을 때, 그럴 때면 끝없이 걸었다. 새벽녘에는 인왕산 약수터로, 점심에는 연희전문학교로, 저녁에는 종로와 명동으로 걷고 또 걸었다. 그가 그렇게 했던 이유는 시인의 산문 〈화원에 꽃이 핀다〉에 잘 담겨 있다.

우주의 마지막 날이 오고, 세상의 끝이 내일이라 해도 믿을 수 있다면, 모든 일은 노변에서 이루어진다는 것을. 별이 아닌 별의 아이인 자신, 그래서 특별할 것도 내세울 것도 없는 것이 자신의 운명이라면 그저 노변의 걸음을 믿어야 한다는 것, 그것이 부끄러움투성이인 자신의 유일한 방법론이라고 윤동주는 믿었다. 걸었다. 썼다.

그리고 별에 가까이 다가갔다.

두 사람은 언젠가 i에게 이 이야기를 전해주리라 생각했다. i가 괴로울 때마다, i의 자존감이 떨어질 때마다, i가 외로움에 사무칠 때마다, 기억할 수 있도록 몇 번이고 시인의 문장을 읽어주리라 생각했다. 그 언젠가 자신이 별이 아니라는 것을 알았을 때도 무너지지 않도록, 설령 잠시 주저앉는다 해도 툭툭 흙을 털어낼 수 있도록, 그 흙을 밟고 걷다 보면 노변에서 많은 일이 이루어질 것이란 믿음을 줄 수 있도록, 앞서간 별이 남긴 문장을 건네주리라 다짐했다.

물론 이를 위한 선행 과제는 분명했다. 두 사람 역시 더 많이 걷는 일, 그러다 쓰러질 때면 까꿍 놀이하듯 금세 일어나 i에게 웃음을 지어주는 일, 걷다 마주하는 수많은 순간을 과하게 기뻐하는 일, 그리하여 i가 발 디딜 노변을 별의 공간으로 만드는 일, 그런 일을 먼저 해야 했다.

두 사람은 이를 위해 유아차의 차양을 걷었다. 별빛이 쏟아졌다. 두 사람은 다시 길을 걸었다. 유아차에 포근히 누워 잠든 i. 그는 마치 은하수를 유영하는 듯 보였다.

우린
아직,

멸망한 것처럼
서로 사랑하고

산책

두 사람은 알고 있었다.
그들 각자가 산책 중에도 길을 잃는 사람이라는 것을.
그것을 알 만한 사람이라면 보통 이런 선택을 한다.
산책 정도로 길을 잃는 사람은 절대 만나지 않겠다는 식의.

지루해, 그런 선택은.
해서 두 사람은 선택한다.

산책 중에 길을 잃는 것은 상수.
그러니 변수가 많은 이를 만나자.
누구보다 잘 헤맬 수 있는.

그렇게 두 사람은 만났다.
그들은 함께 산책하고 함께 길을 헤맸다.
그럼에도 무방비하게 내일의 산책을 나섰다.

다만 산책 전에 할 일이 많았다.
갑작스레 비가 온다거나, 목이 마르거나, 배가 고파질 수 있으니까.
또 극히 운이 없다면 세상이 멸망해버릴 수도 있으니까.
산책 중에 길을 헤매다 보면 그런 일이 있을 수 있으니까.

가방을 늘 불룩하게 채워야 했다.

어쩔 수 없지.

두 사람은 산책 중에도 길을 잃는 사람이니까.
길을 잃고도 뭐가 좋다고 대단치 않은 대화를 나누며
길을 걷는 사람이니까.

사랑
없는
삶

그런 게

있을 리 없지.

"할아버지, 사람이 사랑 없이 살 수 있어요?"
"그렇단다."
할아버지는 부끄러운 듯 고개를 숙였다.
갑자기 울음이 터져나왔다.

에밀 아자르, 《자기 앞의 생》

1

J는 솔직하다. 정리를 잘하지 못하기에 쌓아두는 것도 싫어한다. 그래서 가능하다면 마음에 잡다한 것이 쌓이기 전, 그것을 솔직히 말하는 편이다. 반면, D는 대부분 솔직한 편이다. 대부분이라는 말이 조금 이상하게 느껴질 수도 있다. 말하자면 이런 것이다. D는 대부분의 일에 솔직하게 말한다. 특히 누군가 질문을 해온다면 성심성의껏 솔직하게 말한다. 하지만 누가 먼저 묻기 전에는 결코 먼저 솔직해지지 않는다. 또 특정 부분에 대해서는 누가 먼저 묻는다 해도 입을 열지 않는다. 그래서 어떤 이들은 D를 보며 의뭉스럽다고 말했고, J는 D를 보며 답답하다고 말했다.

2

D는 거짓말을 잘하는 편이었다. 이 능력은 학생 시절, 주변 친구들에게 도움이 되었다. 외박을 하고 싶은 친구에게 그럴싸한 가정통신문을 만들어주는 것쯤 D에게는 일도 아니었다.

D가 그 능력을 스스로 사용할 때도 있었다. 주로 회피하고 싶을 때였다. 누군가 D의 진심을 물어볼 때, D의 개인적인 일들을 궁금해할 때, D가 모르는 걸 물어왔는데 아는 척해야 넘어갈 수 있다고 판단될 때, D는 거짓말을 했다.

그때는 그것이 편했다. 거짓말을 만들어내는 것이 진심을 꺼내 보이는 것보다 편했다. 그래서 거짓말이 거듭됐다. 그러다 보니 D는 지쳐갔다. 숨기는 것에, 드러내지 못하는 것에, 감춰야 하는 것에.

지쳐갔다.

3

그렇게 지칠 때쯤 D는 J를 만났다. D는 생각했다. J에게는 솔직해져도 괜찮을 것 같다고. 그런 느낌을 받은 이유는 한 가지였다. D는 J의 눈을 바라볼 수 있었다. 누군가 D에게 "왜 J에게만 솔직해질 수 있다고 느꼈어?"라고 묻는다면 D는 거짓말을 했을 것이다. J의 관대함이 페르시아 왕보다 넓었다느니 하는, 이상한 거짓말을 했을 것이다. 하지만 진실은 이것이었다. D는 J의 눈을 바라볼 수 있었다.

누군가의 눈을 바라본다는 것. D는 그것이 어려웠다. 심지어 가족들의 눈도 쉽게 보지 못했다. 그것이 거짓말을 잘하는 이들에게 주어진 벌이라도 되는 것처럼 D는 상대의 눈을 바라보는 것을 어려워했다. 다행히 안경을 쓴 이후부터는 조금 나아졌지만, 그저 조금 나아졌을 뿐이었다. 하지만 J에게만은 예외였다.

J를 처음 만난 날. 너무 많은 사람과 함께 만난 자리였지만 D는 고개를 돌리지 않아도 되었다. 이상한 일이었다. 오래 알고 지낸 이들의 눈도 잘 바라보지 못하는 D가, 처음 만난 J의 눈은 바라볼 수 있다니……. D는 안경을 닦는 척, 안경을 벗고 다시 한 번 바라봤다. 가능했다. 아마 그때쯤이었을 것이다. J에게는 솔직해져도 괜찮겠다고 생각한 것은. 물론 당시에 완벽히 깨달은 것은 아니었지만.

이후 D가 J를 만나 함께 카페나 술집에 가고, 식탁과 소파에 앉고 같은 침대에 누웠을 때 D는 J의 눈을 마주 볼 수 있었고, 어느 순간에도 솔직해질 수 있었다. J에게만은 그랬다. J 역시 D에게는 조금 더 솔직한 모습을 보였는데, 그건 아마도 D의 귀가 생각보다 컸기 때문이리라. 아무튼 두 사람은 그렇게 서로에게 솔직해질 수 있었으며, 그것은 i가 두 사람 사이에 누웠을 때도 다르지 않았다.

4

i가 태어난 뒤, J와 D의 삶에서 가장 많이 변한 것은 거짓말이었다. 두 사람은, D는 물론이고 심지어 J까지, 거짓말을 하게 되었다. 예를 들면 이런 것.

"이 약 하나도 안 써. 심지어 맛있네?"

"여기 무서운 곳 아니야. 그냥 의사 선생님께 인사만 하고 갈 거야."

"아빠, 일 빨리 하고 금방 올게."

"엄마, 졸린 거 아니야. 진짜 아니야."

그것 말고도 거짓말을 해야 하는 일들은 점점 늘어났다. 대부분은 착한 거짓말이라 불리는 그런 거짓말들. 또 가끔은 진심이 담긴 것들. 그래서 i가 잠든 후 눈물이 났던 것들. 그런 것들이 늘었다.

언제였던가. J와 D의 사이 i가 쌔근쌔근 잠들었던 날. 두 사람은 i가 더 컸을 때, 그래서 두 사람의 눈을 보고 이런저런 질문을 했을 때, 그 질문의 답이 아름답지 않다는 것을 알았을 때 어떻게 해야 할지 생각했다. 에밀 아자르의 책 《자기 앞의 생》에 나오는 이런 장면처럼.

"할아버지, 사람이 사랑 없이 살 수 있어요?"

소설 《자기 앞의 생》의 주인공은 모모다. 그는 오갈 데 없는 아이들이 모여 사는 일종의 보육원 같은 곳에 산다. 로자 아줌마가 아이들의 부모로부터 보육료를 받고 아이를 맡아 기르는 곳이다. 모모를 비롯한 아이들은 모두 각자의 사정으로 그곳에 모인다. 시설이 좋을 리 만무하다. 어디를 가나 불행이 넘쳤고, 남루하지 않은 장소는 한 평도 없었다. 그런 곳에 궁둥이를 붙이고 살아야 하는 이들의 형편 또한 그렇다. 모모는 그곳에서 산다.

다른 또래들보다 덩치가 컸던 모모. 그래서였을까? 그는 또래보다 생각이 많았고, 질문이 많았다. 질문의 대부분은 건물 지하에 사는 지혜로운 노인 하밀에게 향했다. 하밀은 언제나 성실히 어린 모모의 질문에 답해주었다. 사실 대부분은 시시한 것이었다. 하밀만큼 세상을 산 사람에게는 말이다. 그럼에도 하밀은 성실하게 대답했다. 또 거짓 없이 대답했다. 하지만 단 하나의 질문 앞에서는 그토록 오래 산 하밀조차 대답을 망설였다.

"사람이 사랑 없이 살 수 있어요?"

"당신은?"

J가 묻는다.

"나라면 아니라고 말했을 것 같은데."

D가 J의 눈을 보며 말한다.

"당신은?"

되묻는다.

"글쎄. 당신이 대답하면 난 할 필요 없잖아?"

빠져나간다.

"그럼 지금 내가 물어보면?"

D가 모모처럼 묻는다.

"그렇단다."

J는 《자기 앞의 생》에 담긴 답을 대신했다. 책에서 하밀은 그렇게 답했다.

"그렇단다."

이 대답을 하며 하밀은 부끄러운 듯 고개를 숙인다.

세상을 너무 오래 산 나머지 차마 거짓말을 할 수 없었던 노인의 부끄러움이었다. 세상은 사랑 없이도 살 수 있다는 것을 알게 된 모모는 그 자리에서 덩치에 맞지 않게 으앙, 울음을 터뜨린다.

"i도 그렇게 울면 어떡해?"

D는 거짓말을 하지 못해서, 그렇게라도 얼룩진 세상을 가려주지 못해서, 그 얼룩이 괴물처럼 보여 우는 i를 상상했다.

"이렇게 말하면 되지."

언제나 현명한 J의 말.

"거짓말이야. 사람은 사랑 없인 살 수 없어. 내가 너 없이 어떻게 살겠니?"

언제부터였을까. J는 거짓말을 할 줄 알았고, D는 솔직해졌다. 기적처럼.

그냥

마음을 설명하는 데
육하원칙은 거의 쓸모가 없어.

나는 네가 돈이 없어서, 공무원이 못 돼서,
전세금을 빼가서 너랑 헤어지려는 게 아니야.
그냥 내 안에 있던 어떤 게 사라졌어.
그리고 그걸 되돌릴 수 있는 방법은 없는 거 같아.

김애란, <건너편>

1

 정말이지 젊은 날에는 좋은 것이 너무나 많다. 게임이며 운동이며 여행이며 대외 활동이며 심지어 아르바이트마저 좋아할 수 있었다. 그만큼 에너지가 넘치는 시기였다. 무언가를 좋아하고 사랑하는 마음도 결국 체력에서 나온다. 체력이 따르지 않으면 아무리 좋아하는 것이라 하더라도 금방 그 마음을 포기하게 된다.

 그런데 좋아하는 것을 좋아하는 방식에는 사람마다 차이가 있다. 한 가지에 빠지면 그것에만 애정을 쏟는 타입의 사람들이 있는가 하면 동시다발적으로 애정을 흩뿌리는 사랑꾼들도 있다. D는 전자에 가까웠다. 한 번에 여러 가지를 좋아할 체력이 없었기도 하지만 뭐든 빠르게 습득하는 편이 아니었기에 좋아한다 말할 수 있기까지는 많은 시간이 필요했다. 농구만 해도 그랬다. D가

초등학생 시절, 농구대잔치의 인기가 굉장했다. 〈슬램덩크〉나 〈마지막 승부〉 같은 농구 콘텐츠도 인기였다. D도 농구대잔치를 보며 농구인이 되고자 마음먹었다. 문제는 실력이었다. 과거에는 어떤 운동을 하고 싶다고 제대로 배울 만한 학원 같은 것은 없었기에 공원에서 나이 많은 형들과 시합을 하는 것이 전부였다. D와 친구들은 공원에 모여 자연스레 공을 던지기 시작하다가 네 명이 모이면 곧장 시합이었다. 그러다 형들이 오면 코트를 비워주어야 했다. 벤치에 앉아 형들의 경기를 구경하고, 그들이 쉴 때면 그때다 싶어 달려가 공을 던졌다. 그러다 보면 형들이 시합에 끼워주거나 농구 하는 법을 가르쳐주기도 했다. D도 친구들도 그렇게 농구를 배웠다. 그 시기, D와 친구들에게 농구는 하루에 쏟을 수 있는 애정 총량의 절반 이상을 투자하는 존재였다.

이 정도로 좋아했다면 그것이 평생 취미가 되어야 이상하지 않다. 하지만 나이를 먹고 체력이 떨어지면서 농구는 자연히 시시해졌다. 해도 그만 안 해도 그만이 아니라, 가능하면 안 하고 싶은 존재가 되어버렸다. 그렇게 챙겨보던 NBA 경기 역시 보지 않은 지 오래였다.

J 역시 한때 좋아했던 것이 갑자기 뚝, 끊기듯 사라져버리는 경험을 했다. 그 빈도는 나이를 한 살씩 먹을 때

마다 높아졌다. 갑자기 시시해져버리는 것들은 정말이지 더는 설레지 않아서 사라져버리곤 했다. 정확하진 않지만 오랜 기간 사귀던 연인 사이에 생기는 권태와 가장 닮은 것이 아닐까 J는 생각했다.

2

i도 권태를 느끼는 것일까? i는 그 짧은 생을 살면서 많은 것들을 사랑했고, 또 많은 것들을 시시해했다. 예를 들면 이런 것이다. i는 한 가지에 집착하는 경향이 있었다. 그래서 〈뽀롱뽀롱 뽀로로〉를 보는 시기에는 〈뽀롱뽀롱 뽀로로〉만, 〈페파피그〉를 보는 시기에는 〈페파피그〉만 봤다. 그리고 한순간 시시해졌다는 듯 눈길도 주지 않은 채 다른 작품으로 옮겨가는 식이었다. 〈니모를 찾아서〉는 그중에서도 특별한 작품이었다. 바다 생물을 특히나 좋아하는 i에게 〈니모를 찾아서〉는 그야말로 별천지인 애니메이션이었다. 그러다 보니 i는 반 년 이상 〈니모를 찾아서〉만 사랑했다. J와 D는 이것 역시 곧 끝날 거라고 예상했고 그 예측은 적중했다. 이번에도 i는 어제까지 그렇게 즐겁게 보던 〈니모를 찾아서〉를 딱 끊고 이번에는 〈바다 탐험대 옥토넛〉에 애정을 주기 시작했다.

그 모습을 보며 두 사람은 궁금해졌다.

"대체 저 마음은 뭘까?"

3

김애란 작가의 단편소설 〈건너편〉에는 이수와 도화라는 오래된 연인이 주인공으로 등장한다. 백수일 때 만난 두 사람. 하지만 도화가 먼저 취직을 하고, 이수는 여전히 공무원 시험을 준비하고 있다. 그 과정에서 이수는 공동재산인 전세금을 몰래 빼가거나 하며 계속 실망스러운 모습을 보인다. 그런 이수를 보며 도화는 결국 헤어짐을 고한다. 이때 이수는 자신의 잘못이나 취업하지 못한 현실 같은 것이 이별의 이유인 것으로 착각한다. 엄밀히 말하면 그렇게 생각하는 것이 일반적이다. 함께 살 정도로 사랑하는 사이였는데 갑작스레 이별을 고한다는 것은, 각자의 속도와 위치가 달라진 것 외에는 설명할 길이 없으니까. 하지만 도화는 그런 이수를 보며 이렇게 말한다.

나는 네가 돈이 없어서, 공무원이 못 돼서, 전세금을 빼가서 너랑 헤어지려는 게 아니야.
……

그냥 내 안에 있던 어떤 게 사라졌어. 그리고 그걸 되돌릴 수 있는 방법은 없는 거 같아.

도화는 "그냥"이라는 이유로 길었던 두 사람의 사랑을 마무리 짓는다. 이수는 아마도 어이가 없었을지 모른다. 차라리 공무원 시험 불합격을 이유로 말해주는 게 나을 것이라 생각했을지도 모른다. 하지만 도화의 대답은 바뀌지 않는다. 게다가 그것은 좋은 사람으로 남고 싶은 이의 포장 같은 것도 아니었다. 도화는 100퍼센트 솔직하게 "그냥" 헤어지려 한 것이다.

"i야. 이제 그 만화는 재미없어? 보기 싫어?"
"재미없어."
"왜 재미가 없어졌어? 어제까지 잘 봤잖아."
"재미없어졌어."
"그러니까 왜?"
"재미없으니까."

〈건너편〉을 읽은 후 J와 D는 i에게 묻는 것을 멈추기로 했다. i도 도화와 같았을 것이다. 그냥 재미가 없어진 것뿐이다. 두 사람이 지금껏 그냥 시시해진 것이 수없이 많았던 것처럼 말이다. 그러니 i 역시 그렇게 답할 수밖에 없었을 것이다.

그렇게 생각하다가 두 사람은 서로가 놓치고 있는 것을 알게 됐다. 두 사람은 i에게 끝에 대한 이유는 물으면서 시작의 이유는 묻지 않았다는 것이다.

"그네 타면 어떤 게 재밌어?"

"회전목마는 왜 꼭 주황색 말을 타고 싶은 거야?"

"〈페파피그〉는 왜 3편부터 보는 거야?"

"i는 어떤 바다가 또 보고 싶어?"

이런 질문들을 자주 하지 않았음을 깨달았다. 그것은 관심이 없어서가 아니었다. 그런 질문을 하지 않은 이유는 좋아하는 데 딱히 이유가 필요 없다는 것을 알고 있었기 때문이다. 두 사람은 지금껏 좋아하는 것에, 사랑하는 것에 이유를 붙여본 적이 없었다. 아니, 단 한 번, J와 D가 함께 아는 친한 후배의 질문을 제외하고는 말이다.

"형은 어떤 확신이 있어서 J 누나랑 함께하기로 결심한 거예요?"

D는 처음에는 이렇게 답했다.

"J랑 나는 성격은 다르고 생각은 비슷하고 마음은 같거든."

"그런 형이상학적인 거 말고."

D는 다시 답했다.

"거리를 걸어. J와 함께. 그럼 자연스럽게 손을 잡게 돼. 그런데 그 위치가 너무 완벽한 거야. 깍지 끼고 걷기에 팔 높이가 이상적인 거지. 너무 낮지도, 너무 높지도 않아서 딱 맞게 손을 잡고 걸을 수 있어. 하나도 안 불편해. 그게 다야."

후배는 소주를 한 잔 마시고 고개를 끄덕이며 말했다.

"그건 인정."

후배는 뭘 인정한 것일까. "그냥"이라는 답과 딱히 다를 것 없는 그 대답을 왜 인정해준 것일까? 그건 아마도 마음이라는 것, 사랑이라는 것, 그 감정을 설명하는 데 "그냥"을 제외한 나머지는 다 부차적인 것이라는 걸 알고 있었기 때문이리라. 모든 사랑은 그 범주 안에서 시작하고 그 범주 안에서 시시해지는 것이라는 걸 우리는 본능적으로 알고 있으리라. 그러니 사랑의 이유를 묻는 것은, 시시함의 이유를 묻는 것은 그리 좋은 질문이 아니었다. 그럼에도 불구하고 여전히 이렇게 묻는 이유는.

"i는 엄마 좋아?"

"좋아."

"엄마가 왜 좋아?"

"그냥 좋아."

그냥. 그냥 그 말이 듣고 싶어서였다.

낭비

어떤 건
과감하게 낭비해도 괜찮아.

신이시여, 왜 젊음을 젊은이에게 주어
그것을 낭비하게 하시나요.

조비 버나드 쇼

1

놀라운 사실이 하나 있다. 사람은 태어나 일곱 살까지 살아가기에 충분할 만큼 성장한다.

놀라운 사실이 하나 더 있다. 사람은 일곱 살 이후로 죽어간다.

이 무슨 말도 안 되는 이야기일까. 과장이 조금 섞였지만 인간의 신체는 일곱 살까지 제 기능을 할 만큼 충분히 성장한다. 이후에 성장하고 발달하고 단련되는 것은 컴퓨터로 치면 최소 사양에서 권장 사양으로 가는 길이다. 물론 이것은 낙관론자의 시선이다. 비관론자의 시선으로 보자면 일곱 살 이후 우리의 신체는 반환점을 돈 마라토너처럼 엔딩을 향해 달려간다. 일곱 살은 너무 이른 것이 아닌가 싶지만 어쩔 수 없다. 세상은 언제나 그런 사소한 부조리로 가득 차 있는 법이니까.

2

 J는 여행을 좋아했다. D는 여행하는 척을 좋아했다. J 덕에 진짜 여행을 다니기 시작한 D는 여행은 하는 척보다 직접 하는 게 더 즐겁다는 것을 알게 되었다. 직업상 월요일부터 토요일까지 일을 해야 하는 J는 토요일 오후 비행기로 제주도에 내려갔다가 일요일 저녁 마지막 비행기로 올라오는 것도 서슴지 않았다.

 여행을 즐기지 않는 이들이 보기에는 거친 스케줄임이 분명하다. D도 그게 될까 싶었다. 그 질문의 답을 찾기 위해서 두 사람은 그런 거친 스케줄로 여행을 다녀왔다. 어, 이게 무슨 일인가. 생각보다 할 만한 것이 아닌가. 그렇다면 다음 과정은 정해져 있다. 토요일 오후 비행기로 제주도에 내려갔다가 월요일 첫 비행기로 올라와 출근하는 스케줄.

 여행을 즐기지 않는 이들이 보기에는 지나칠 정도로 거친 스케줄이었다. D는 이번에는 의심하지 않았다. J는 애당초 여행에 있어서만큼은 의심을 품는 이가 아니었다. 그런 쓸데없는 생각을 하느니 가서 뭘 할지 더 생각해보는 쪽이었다(물론 그 생각도 오래 하지 않았다. 즉흥과 감각은 J의 무기였다). 그렇게 해서 J와 D는 말도 안 되는 스케줄로 제주도를 몇 번, 일본을 몇 번, 유럽을 몇 번, 동남아시아를 몇 번 다녀왔다. 예상외로 집과 가까운 곳은 자주 다니지 않았다. 그러던 어느 날 두 사람은 파주로 여행을 가면 어떨지 생각했다. 두 사람이 좋아하는 '책'의 도시. 그곳에 가지 않고서 책을 사랑한다 말할 수 있을까? 물론 말할 수는 있지만 어쩐지 죄스러운 마음이 들 것만 같았다. 이 역시 여행의 핑계 중 하나였다.

막상 파주에 오니 딱히 할 일이 없었다. 주말의 출판도시 파주는 D가 아는 주변 출판인들 말처럼 유령도시에 가까웠다. 마치 영화 〈트루먼 쇼〉의 세트장처럼 텅텅 비어 있었다. 유명한 카페도 가보고 책 관련 박물관이나 상점도 몇 군데 들렀지만, 시간은 속절없이 넘쳤다. 젊은 시절의 시간이 늘 그렇듯이 말이다.

그래서 두 사람은 파주까지 와서 영화를 보기로 결심했다. 그것도 파주의 명소인 명필름아트센터가 아닌 프랜차이즈 영화관을 찾았다. 특별한 이유가 있는 것은 아니었다. 영화관에서는 〈비긴 어게인〉이 상영중이었다. 두 사람은 같은 감독의 영화 〈원스〉를 지나칠 정도로 사랑했다(함께 본 첫 영화는 〈파라노말 액티비티 4〉였지만). 상영관에는 사람이 많지 않았다. 다 세어보진 않았지만 다섯 명쯤인 것 같았다. J와 D는 그곳에서 영화를 봤다.

3

　영화가 끝났다. 엔딩 크레디트가 올라갔지만 J와 D는 조금 더 있기로 했다. 〈원스〉를 봤을 때 그랬던 것처럼. 다른 관객들이 모두 나간 뒤에야 일어선 두 사람은 차에 올랐다. 주차장을 빠져나왔을 때쯤 J가 말했다.

　"그냥은 못 들어가겠는데?"

　D는 동의했다. 정차를 할 수 있는 곳에 차를 세우고 스마트폰을 들었다. 그리고 플레이.

　어두운 밤, 아무도 없는 도로, 그 길에 놓인 자동차, 그 안의 두 사람. 영화 〈원스〉의 OST가 흘렀다. 몇 곡이 흐르는 동안 두 사람은 말이 없었다. 그리고 앨범의 재생이 끝날 때쯤 두 사람은 같은 마음으로 서로를 바라보았다.

　"이거지."

　J가 말했다.

　"이거네."

　D가 얹었다.

　〈원스〉를 사랑하는 두 사람에게 〈비긴 어게인〉은 어쩐지 너무 세련된 영화였다. 기승전결도 잘 짜여 있고, 흐름도 무난했다. 도를 치면 도가 들리고, 솔을 치면 솔이 들리는 그런 영화였다.

"너무 깔끔했지?"

J의 의견에 D가 동의한다.

"〈원스〉는 안 그랬는데."

D의 말에 J가 공감한다.

두 사람에게 〈원스〉는 삐걱대는 영화였다. 사건의 원인과 결과가 모호할 때도 많았고, 이 대사가 저 대사의 답이 맞나 싶은 경우도 많았다. 갑자기 툭 튀어나오는 박자와 가끔은 물 흐르듯 진행되는 멜로디. 그래서 더 삐걱대는 것 같은 영화가 〈원스〉였다. 두 사람은 그 삐걱댐을 좋아했다. 단지 그 이유였다. 기껏 여행을 와놓고 한적한 곳에 차를 세워놓고 좋지도 않은 카 오디오로 영화 OST를 듣는 이유는 겨우 그것이었다. 〈원스〉의 삐걱댐을 기억하고 그것을 다시 즐길 수 있으리라 기대했는데, 그 기대를 채우지 못하자 여행이고 뭐고 한 번 더 〈원스〉의 음악을 들어야 했다. 그렇게 두 사람은 한적한 도로에서 한 시간을 기꺼이 낭비했다.

4

영화 〈원스〉에서 두 사람이 좋아하는 장면은 가령 이런 것들이었다. 남자 주인공과 여자 주인공이 청소기를 고친답시고 돌아다니는 장면, 앨범 녹음할 시간도 부족할 텐데 버스에서 장난치며 이상한 노래를 부르는 장면. 그것은 이야기의 흐름상 없어도 지장이 없는 것이었다. 하지만 두 사람은 그런 장면을 사랑했다. 영화에서도 삶에서도, 그런 장면이 훨씬 오래 기억에 남는다는 것을 두 사람은 알고 있었다. 예를 들어 함께 오른 제주도 오름의 이름은 까먹어도, 오름에 오르며 했던 시시콜콜한 이야기들. 숙련된 영화감독이나 제작자가 본다면 가차 없이 삭제했을 그런 장면들은 오래도록 기억에 남았다.

여행이란 결국 기억을 남기는 것이라는 관점에서 볼 때 두 사람에겐 오름에 오르는 것이 수단이고 시시콜콜한 이야기를 나누는 것이 목적이었다. 그래서 여행을 다녀온 뒤 지인을 만나 여행 이야기를 할 때면 곤란하기도 했다. 지인들은 오름의 아름다움에 대해 물었지만, 두 사람은 그건 잘 기억하지 못했다. 그렇다고 오름을 오르며 했던 시시콜콜한 이야기, 두 사람이 아니면 딱히 재미없을 이야기, 그 시간을 함께하지 않았으면 이해되지 않을 그런 이야기를 할 수는 없었다. 실제로 몇 번 이야기해본 적도 있지만 대부분은 이런 반응이었다.

"겨우 그걸 하려고 거기에 간 거야?"

두 사람에게는 익숙한 반응이었다. 마치 대중성 없는

감독의 GV 자리처럼 두 사람은 시시콜콜한 장면들의 의미를 덧붙여야 했다. 파주까지 여행을 와서 프랜차이즈 영화관에 간 일이나 영화를 보고 난 뒤 레스토랑이나 숙소로 가는 대신 도로에 차를 세우고 좋지도 않은 카오디오로 OST를 듣는 장면의 의미를 설명해야 했다. 사실 두 사람 스스로도 여행의 마지막에서, 혹은 돌아온 일상의 처음에서 그런 질문을 하곤 했다. 이럴 거면 왜 여행을 간 거지? 이번에도 그 유명한 데는 못 가봤네? 그럴 때마다 두 사람은 그래도 이번 여행처럼 다니는 게 훨씬 재미있다고 이유를 배제한 결론을 내고는 했다. 그러나 이제는 그럴 필요가 없었다. 〈비긴 어게인〉에서 그 이유까지 찾았으니까.

5

〈비긴 어게인〉의 마지막 장면은 주인공 그레타의 전 남자친구 데이브의 콘서트다. 데이브는 바람을 피워 그레타와 헤어졌고, 두 사람은 각자의 이야기를 만들어간다. 그리고 데이브는 자신의 콘서트에 그레타를 초대한다. 공연의 마지막 곡은 그레타가 크리스마스에 선물한 곡이다. 후렴에 이런 가사가 나오는데 그것은 조지 버나드 쇼가 남겼다는 문장과 같다.

　신이시여, 왜 젊음을 젊은이에게 주어 그것을
　낭비하게 하시나요.

　J와 D 두 사람은 그 가사를 본 순간 그것을 사랑하게 될 것이라 직감했다. 그것은 두 사람의 삶에 대한 은유이자 변명이며 질문이고 대답이었다.
　낭비. 왜 인생을 낭비하는 걸까. 해도 그만 안 해도 그만인 것에 왜 시간을 할애하는 걸까. 두 사람은 그럴 때마다 "그런 시간을 좋아해서"라는 답만 남기곤 했다. 하지만 그 대답은 뭐랄까, 멋이 없었다. 두 사람은 낭비의 즐거움, 그것을 잘 포장해줄 수 있는 예쁜 포장지나 쇼핑백이 필요했다. 그것이 이 문장에 있었다.
　젊음을 겪지 않고 어른이 되는 경우는 없다. 그렇기에 우리는 필연적으로 커다란 바구니에 담긴 젊음을 낭비하곤 한다. 왜 아니겠는가. 바구니는 이렇게 크고, 젊음은 넘치듯 담겨 있는데. 영화 속 데이브도 그랬다. 낭비해버린 시간과 감정, 그리고 젊음의 시기를 후회하며 노래했다. 그런데 이상하게도 J와 D는 노랫말 속에 후회만 담겨 있는 것 같진 않다고 생각했다. 후회보다는 받아들임에 가까웠다.

만약 데이브에게 다시 한 번 시간을 돌릴 수 있다면, 그래서 젊음의 바구니를 또 한 번 받게 된다면 그는 젊음을 어떻게 사용할까? 어느 현자들 혹은 애늙은이들처럼 그것을 아끼고 아껴 현명한 시간으로 바꿔 먹을까? 아마도 아닐 것이다. 젊음이라는 화폐에는 이상한 환율이 적용된다. 그래서 현명한 경험, 잘 짜인 계획, 그런 것을 바꾸려면 몹시도 많은 젊음이 필요하다.

문제는 그렇게 바꾼 것이 꼭 제값을 하리라는 보장도 없다. 그것은 손해 보는 일이었다. 그렇다면 젊음의 화폐, 그것의 제값을 받으려면 어떻게 해야 할까? 그 답은 '낭비'에 있다. 쓸모없이 아름다운 것, 무용한 것, 오늘 하루만 죽을 듯이 빛나고 내일이면 진짜 죽어버리는 것, 의미 없는 것, 하지만 의미 있는 척하는 것, 참을 수 없을 만큼 가벼운 존재들, 지나고 나면 낭비의 카테고리에 들어갈 만한 것들. 젊음은 그런 것들을 사기에 적합한 화폐다. 적어도 J와 D는 그렇게 믿고 있었다.

"이제 들어갈까?"

"한 곡만 더 듣고 갈까?"

두 사람은 조금 더 젊음을 낭비하는 젊은이가 되기로 했다. 언젠가 i도 그렇게 되길 바랐다.

하루, 한 루

눈앞의 공만 바라봐.

저 먼 관중석은 아득하기만 하니까.

하루하루는 성실하게 살고 싶고,
인생 전체는 되는 대로 살고 싶다.

이동진, 《밤은 책이다》

1

어린 시절 D는 거의 모든 장르의 게임을 즐겼다. 스포츠 게임을 중심으로 전략 시뮬레이션, 그냥 시뮬레이션, 어드벤처, RPG 등 재미있다는 것은 다 해보는 편이었다. 다만 엔딩을 본 게임은 그리 많지 않았다. 학원이나 공부 때문에 게임할 시간이 부족했던 것은 아니다. 오롯이 D의 성격 때문이었다. D는 쉽게 권태를 느끼는 편이었고, 지루함을 견디는 내구성이 형편없었다.

시뮬레이션 게임 〈삼국지〉를 즐기던 때도 그랬다. 중국을 통일해야 엔딩을 볼 수 있는 게임인데 D는 정복한 땅이 늘어나면 늘어날수록 몸이 꼬였다. 정복의 즐거움보다는 '언제 저 많은 땅을 관리하지?'라는 염증이 먼저 찾아왔다. 그리하여 정복한 땅이 절반을 넘기기도 전에 D는 '새 게임' 버튼을 눌렀다. 그리고 새로운 땅 하나부터 다시 정복하기 시작했다. 〈서든 어택〉, 〈스타크래프트〉

같은 중독성 강한 것으로 유명한 게임들도 D에게는 버거웠다. 인정하기 싫었지만 D는 자신이 계획 없고, 체계적이지 못하며, 장기적인 비전과 든든한 노후(?) 같은 것을 관리할 능력이 없다는 것을 인정해야만 했다.

그런 상황에서 믿을 것이라곤 '감각'과 '본능'뿐이었는데 그것에 의존하는 것이 멋있어 보이는 것은 길게 봐야 20대가 마지막이라는 사실을 D도 알고 있었다. 그리고 서른이 되면 자연히 달라지겠거니 막연하게 믿으며 감각과 본능을 곁에 두고 시대의 다리를 건넜다. 아뿔싸. 그런데 이게 어찌된 일일까? 서른이 된 후에도 D에게 계획성 같은 능력은 생기지 않았다. D는 슬슬 걱정이 되기 시작했다. 물론 그 걱정도 오래가지는 않았다. D에게는 믿는 구석이 있었다. 그 구석에는 이런 이야기가 있었다.

2

무라카미 하루키의 작가가 되기 전 이야기다. 하루키는 책 읽기를 좋아했을 뿐 책을 쓰는 사람이 될 수 있으리란 것은 상상의 영역에서도 하지 않았다. 그저 되는 대로 살고, 좋아하는 재즈를 실컷 듣고, 맥주나 위스키를 즐길 수 있는 삶을 소원할 뿐이었다. 그러던 어느 날이었다. 하루키는 야구장으로 향했다. 너무나 응원하는 팀의 경기라서가 아니었고 아주 중요한 경기여서도 아니었다. 그저 본능에 이끌려 야구장으로 향했다. 딱히 할 일이 없기도 했고 말이다. 그렇게 경기장에 도착한 하루키는 상쾌한 소리를 울리며 좌중간을 가르는 안타 장면을 마주하게 된다. 한 경기에도 몇 번이나 있을 법한 별것 아닌 장면. 그것을 보며 하루키는 나도 소설을 쓸 수 있을지 모른다라고 생각했다.

무엇이 글 한 줄 써본 적 없는 한 사람에게 그런 확신을 주었던 것일까? 안타를 친 타자가 실은 1할도 못 치는 형편없는 타자여서 그랬을까? 아니면 그저 '딱-' 하는 소리가 좋아서 그랬을까? 그 외의 몇몇 가능성을 떠올려봐도 야구장에서 소설가가 되기로 결심하게 된 연결점은 도무지 찾을 수가 없다. 그럼에도 불구하고 하루키는 이 소설 같은 계기를 시작으로 소설을 쓰기 시작했다. 그렇게 소설가가 되었다.

D는 하루키의 이 이야기를 아주 좋아했다. 어떤 인과관계로도 설명할 수 없고, 오히려 인과관계가 없어서 성립할 수 있었던 이 이야기를 믿고 싶었다. 본능과 감각. 그 두 가지 주사위를 굴려서 인생을 사는 것도 나쁘지 않다. 베스트는 아니지만 충분한, 그런 인생도 괜찮다고

말해주는 이야기처럼 보였다. 실제로 하루키라는 작가의 삶은 그런 의미에서 좋은 표본이 된다. 그는 자신이 원하는 하루를 산다. 하고 싶은 운동을 하고 듣고 싶은 음악을 듣고 쓰고 싶은 글을 쓴다. 공간 역시 마찬가지다. 그는 자신이 원하는 곳에 머문다. 그것을 작가 자신은 '행운'이라 말하지만 D의 눈에 그것은 감각과 본능을 따른 이에게 주어지는 근사한 분기점처럼 보였다. 물론 D의 가족들은 "어디서 이런 이야기는 잘 찾아가지고 오네"라고 핀잔을 주었지만 말이다.

다행히 그런 D의 믿음에 확신을 더해주는 사람이 있었다. J였다. J가 D를 만나기로 결심한 것은 감각에 의한 것이었다. J가 보기에 D는 웃긴 사람이었고, 잠을 늦게 자는 편이었다. 일이 늦게 끝나는 J에게 필요한 조건이 D에게 있었다. 심지어 D의 집 앞에는 J의 집 앞으로 가는 버스가 있었다. 그것도 광역버스라 꽤 늦게까지 운행했다. 그 말인즉 두 사람은 늦은 시각까지 만날 수 있었으며 차가 끊겨도 조금만 기다리면 첫 차를 마주할 수 있었다. 심지어 둘 모두 아침 일찍 출근할 필요가 없는 직업이었다.

그래서 좋았다. 그래서 서로 잘 맞는다 생각했다. 이렇게 잘 맞을 수 있을까, 생각할 때도 많았다. 생각하다

보면 '운명' 같은 단어도 슬그머니 떠올랐지만 그건 낡은 단어처럼 보였다. 이제 막 시작하는 연인에게 붙이기는 고루한. 그래서 '운명'을 지우고 그곳에 '본능'이란 단어를 붙였다.

 D가 본능과 감각을 따르는 사람이라면, J는 본능과 감각이 발달한 진화체였다. 그래서 J는 D가 자신에게 잘 맞는 퍼즐이라는 사실을 누구보다 먼저 눈치 챘다. 물론 J처럼 눈치가 빠른 이들이 있다. 그렇게 진화된 이들이 있다. 하지만 눈치라는 것은 필연적으로 계산력을 들고 온다. 그래서 눈치 빠른 이들은 빠른 계산력으로 자신에게 유리한지 혹은 불리한지를 파악한다. J가 아닌 다른 진화체였다면 아마도 D는 선택받지 못했을 것이다. 옛말을 빌리자면 계산이 안 나오는 사람, D는 그런 사람이었으니까.

3

 공무원이 되면 적성에 가장 잘 맞을 거라는 소리를 들으며 자란 D가, 최소한 정시 출근 정시 퇴근하는 직장에 갈 것만 같던 D가 팟캐스트 프로듀서로 활동하고, 보고서가 아닌 소설을 쓰기 시작했다. 그는 계산이 안 나오는 사람이었다. 타석에 나설 수는 있었지만 홈런을 칠지, 안타를 칠지, 삼진을 당할지 예측할 수 없는, 이제 막 처음 데뷔한 타자였다. J는 그런 D에게 베팅했다. 딱히 무슨 이유가 있어서는 아니었다. 인터넷 방송 시장의 장밋빛 미래를 본 것도 아니며 D의 글이 엄청나게 좋았던 것도 아니다. 그저 J의 감이 말했다. 홈런까지는 모르겠지만 삼진을 당하고도 미안해하지 않을 사람은 아닐 거라는 걸, 아무리 아웃이 되어도 타석에 서는 걸 포기하는 사람은 아닐 거라는 걸, 화가 난다고 배트를 던지거나 되도 않는 슬럼프에 빠지지 않을 거라는 걸. 그리고 간혹 홈런을 치더라도 우쭐해져 홀로 세리머니를 하지 않을 사람이라는 걸 J의 감은 확신했다. J는 언제나처럼 그것을 따랐다.

그 결과, 경기는 어떻게 됐을까? 그건 알 수 없다. 하루키의 이야기에서도 경기 결과는 딱히 중요하지 않았다. 중요한 건, 감각을 파울 볼 정도로 생각하지 않았다는 것, 그로 인해 함께 경기를 할 수 있었다는 것, 점수를 내줄지언정 경기를 멈추진 않았다는 것, 베스트는 아니지만 충분한 인생을 시작했다는 것이었다.

물론 J와 D도 감각에 집중하는 게 마냥 편한 것은 아니었다. 같은 질문을 두고 다른 선택을 하는 이들을 보면 눈이 돌아갔고, 다수의 무리에 참여하지 못할 때면 더 없는 불안을 느끼기도 했다. 또 좋지 않은 결과표를 받을 때면 자신들의 감이 다 죽은 것은 아닌가 걱정하기도 했다. 뒤늦게라도 감보다 계산을 먼저 해야 하는 것은 아닐까, 그렇게 재미없어도 안정적인 삶을 꾸려야 하는 게 아닐까 싶은 마음이 들기도 했다. i가 도착하기까지 많은 시간이 남지 않았던 때, 그때쯤 두 사람의 불안은 최고조에 이르렀다. 두 사람은 타임아웃이라도 외치고 싶은 심정이었지만, 투수는 이때다 싶었는지 공을 던졌다. 어떻게 해야 할까? 두 사람은 이 문장이 새겨진 배트를 꺼내 들었다.

하루하루는 성실하게 살고 싶고, 인생 전체는
되는 대로 살고 싶다.

이동진 작가는 《밤은 책이다》에 언젠가 인터뷰 중 자신이 했던 이 말을 남겼다. 그러면서 삶에는 분명한 한계가 있고, 일에는 명백한 시한이 있기 때문에 주어진 하루하루에 최선을 다하되, 내가 전력을 기울여오던 일이 어느 순간 벽에 부딪치게 되면 미련 없이 손에서 놓아버리는 것도 나쁘지 않은 태도일 수 있다고 덧붙였다.

두 사람은 이 말이 퍽 마음에 들었다. 이 말과 함께라면 좌중간 안타든, 내야 땅볼이든 볼넷이든, 몸에 맞는 공이든, 최소한 1루로 진루할 수 있을 것 같았다. 사실 그것이면 충분했다. 2루와 3루, 홈까지 들어와야 비로소 1점을 주는 것이 야구이고, 홈 근처까지 가더라도 베이스를 밟지 못하면 1루를 가지 못한 것과 같은 결과인 것이 야구이지만. 인생도 어쩐지 야구를 닮아 과정보다는 결과가 더 깊이 새겨지지만. 그것은 부차적인 일이다. 타석에 들어서면 1루를 목표로, 1루에 있다면 2루를 목표로, 2루에선 3루를, 3루에선 홈을……. 말 그대로 '한 루'만, 하루와 발음도 비슷한 그것을 목표로 집중하면 그만이다. 그렇다면 경기 결과는 누가 책임지는가? 인생 전체는? 그것까지 신경 쓰기에 저기 저 앞에 선 투수의 공이 너무 빠르다.

4

아이들은 본능과 감각으로만 무장된 존재다. 그들은 본능적으로 엄마가 누군지 알며, 감각적으로 밥과 물이 있는 곳을 찾는다. 이곳이 잠을 자기에 안전한지, 어떻게 해야 배고프지 않을지 가르쳐주지 않아도 알고 있다. 그랬기에 아무리 감각이 좋은 J와 D라 할지라도 i를 따라갈 수는 없었다. i는 자신이 싫어할 만한 곳을 본능적으로 알았고, 좋아할 만한 곳은 다리가 먼저 향했다. 먹기 싫은 음식을 2미터 밖에서도 확인할 재주는 물론이고 제일 편한 잠자리를 파악하는 감도 있었다. i는 그런 자신의 감을 믿으며 하루를 보냈고, 또 매일 자랐다.

두 사람은 그런 i의 감각에 늘 놀랐다. 그리고 i가 좋아할 만한 것과 싫어할 만한 것, 원하는 것과 원치 않는 것을 본능적으로 파악하는 자신들의 모습에도 놀랐다. 정말 그랬다. 육아서로 가득한 책장은 없었지만 i가 원하는 공이 무엇인지 파악하는 본능적 선구안이 있었다. 그런 순간을 마주할 때면 두 사람은 좌중간 적시타를 쳐낸 타자처럼 기뻤다. i가 울음을 그칠 때, i의 표정이 편안한 미소로 바뀔 때, 그 미소마저 풀어지며 나른한 잠에 빠져들 때, 두 사람은 i를 사이에 두고 누웠다. 그리고 떠지지 않는 눈꺼풀은 그대로 둔 채 손을 뻗었다. 서로의 손이 있을 것이라 생각되는 곳으로. 그리고 하이파이브. 홈런을 친 타자들처럼 손을 맞부딪혔다.

곁에

네가 누군지 궁금하다면

주변을 둘러봐.

한 남자의 성격은 그의 친구나 아내를 보면 알 수 있다.
모든 여자는 자신을 사랑해주는 남자를 설명하며,
그 반대도 마찬가지다. 그는 그녀의 성격을 해석해준다.

줄리언 반스, 《사랑은 그렇게 끝나지 않는다》

1

김중혁 작가의 소설 중 〈매뉴얼 제너레이션〉이라는 작품이 있다. 제목처럼 작품의 주인공은 매뉴얼 만드는 회사의 직원이고, 하는 일은 매뉴얼을 작성하는 것이다. 기본적으로는 제품의 사용법 등을 쓰지만, 그들의 일은 '무엇을' 쓰는 것이 아니라 '어떻게' 쓰는 것이 중요하다. 그래서 그들은 제품을 가장 잘 와닿게 설명하는 데 모든 신경을 집중하고 글을 쓰고 고친다.

워낙 전자제품을 좋아하는 D에게 매뉴얼은 새로운 세상이 시작되었음을 알리는 선언문처럼 느껴졌다. "예전에는 없었던 이것이 이제는 당신의 세상을 바꿀 것입니다"라고 말하는 것 같아 D는 매뉴얼 읽는 것을 좋아하는 편이고 심지어 한 소프트웨어의 매뉴얼 쓰는 아르바이트를 한 적도 있었다. 그때도 〈매뉴얼 제너레이션〉을 읽어둔 경험이 도움이 되었는데, 업무를 의뢰한 회사에서는 '그저 평범한 매뉴얼을 원했을 뿐인데……'라는 반응이었다.

J는 반대였다. 그녀에게 매뉴얼은 택배 상자의 테이프처럼 제거해야 하는 존재와도 같았고 구태여 미리 읽어볼 이유가 없다고 생각했다. 필요한 기능이 있으면 그때그때 찾아보는 것이 그녀의 방식이었고, 그조차 어렵다면 D에게 물으면 그만이었다. 그러면 D는 신나서 매뉴얼을 뒤적이며 사용법을 알려주었다. 이것은 J가 생각하는 'D 매뉴얼'의 28페이지쯤에 나오는 내용이다.

D는 여러 전자기기를 사고 그 안에 든 매뉴얼을 정독하는 와중에 정말 좋은 매뉴얼은 무엇일까, 쓸데없는 생각을 했다. 그리고 매뉴얼마다 나름대로 별점을 매겨보기도 했는데, 기준은 다소 문학적이었다. 기능 설명에만 충실한 매뉴얼은 B⁻를 넘기지 못하는 반면, 기능 소개에 조금 미흡한 부분이 있더라도, 그것이 삶을 어떻게 바꿀 것인지 말해주는 매뉴얼이라면 A를 받을 수 있었다.

2

사람을 소개하는 매뉴얼이 있다면 어떨까? D는 그런

상상을 해보았다. MBTI라는 대중적인 매뉴얼이 있지만, 그건 너무 평면적이다. 그것보다는 훨씬 현학적이고 인문학적인 편이 좋을 것이다. 다른 것도 아니고 한 사람을 설명하는 매뉴얼이라면 말이다. 그런 의미에서 본다면 가장 좋은 사람 매뉴얼은 줄리언 반스의 책《사랑은 그렇게 끝나지 않는다》에 담겨 있는, 화가 오딜롱 르동이 썼다는 이 문장이 가장 정확할 것이다.

한 남자의 성격은 그의 친구나 아내를 보면
알 수 있다. 모든 여자는 자신을 사랑해주는 남자를
설명하며, 그 반대도 마찬가지다. 그는 그녀의 성격을
해석해준다.

《사랑은 그렇게 끝나지 않는다》는 줄리언 반스가 자신의 아내 팻 캐바나와 사별한 뒤 몇 년이나 지난 후에 발표한 산문이다. 팻 캐바나가 살아 있는 동안 쉼 없이 글을 썼던 줄리언 반스였다. 하지만 아내가 세상을 떠나자 그는 정지하고 말았다. 이에 대해 '줄리언 반스 매뉴얼'에 이렇게 쓸 수 있을 것이다.

주의 1 : 본 제품은 아내가 사망할 시 자동 정지됩니다.

정지된 줄리언 반스에게 필요한 것은 시간이었다. 우선은 복기를 위한 시간. 아내와 함께했던 시간과 순간들, 그 모든 걸 돌아볼 시간이 필요했다. 그다음은 현실 인정의 시간이었다. 아내가 왜 떠나야 했는지 과학적이거나 인문학적이거나 심리학적 혹은 지극히 개인적인 방향에서 모든 결론을 내려야 했다. 그렇게 현실을 인정한 다음은 뭐였을까?

>주의 2 : 멈춰버린 줄리언 반스를 깨우기 위해 흔들거나 건드리지 마세요. 그저 전원을 연결한 노트북 한 대를 앞에 놓아두세요.

과거를 복기하고 현재를 인정한 줄리언 반스. 남은 건 미래였다. 자신의, 그리고 자신의 아내를 위한 미래. 아내라면 자신이 글을 쓰는 미래를 꿈꿨을 것이고, 그것이 멈추지 않도록 도와주었을 것이다. 그러니 줄리언 반스는 글을 써야 했다. 그렇게 쓰인 작품이 《사랑은 그렇게 끝나지 않는다》였다. J와 D는 이 책의 거의 모든 부분을 좋아했다.

줄리언 반스는 오딜롱 르동의 말처럼 자신을 설명하는 가장 좋은 정의가 '팻 캐바나'라고 생각했다. 반대로

'팻 캣바나'를 설명하는 가장 좋은 정의는 '줄리언 반스' 자신이라 생각했다. 정말 한 남자의 성격은, 또 한 여자의 성격은 친구나 아내를 보면 알 수 있다. 누구와 가깝고 누구와 함께하는지, 어떤 이와 대화 나누는 것을 좋아하고, 또 어떤 이와 저녁을 함께하는 것을 즐기는지. 그것만으로도 한 사람은 오롯이 설명된다.

3

그렇다면 J와 D 두 사람의 정의는 어떻게 쓰일 수 있을까? 이 질문에는 오랜 고민이 필요하지 않았다. 한 장의 사진이면 충분했다. J와 D, i. 그리고 두 사람의 친구 부부인 H와 B가 함께한 한 장의 사진이다.

J와 D, 그리고 i는 여름휴가를 맞아 방콕 여행을 계획했다. i로서는 태어나 가장 멀리, 오래 가는 비행이었지만 큰 고민 없이 항공권을 예매했다. 세 사람은 이미 닮아 있었다.

그렇게 방콕으로 떠난 여행 중 H와 B도 짧게 방콕 여행을 온다는 소식을 알려왔다. 일정이 겹치는 날 함께 만나 식사를 하기로 했다. 식사 장소는 H, B가 묵는 호텔 1층의 레스토랑이었다.

"짜오프라야 강을 마주하는 곳이어서 엄청 좋을 것 같아."

만나기로 한 날, 세 사람이 묵는 호텔에서 1킬로미터쯤 떨어진 약속 장소로 J와 D 그리고 i는 걷기 시작했다. 비가 왔지만 택시가 잡히지 않았고 자칫 약속 시간에 늦어질까 봐 걸어가기로 결정한 것이었다. 수없는 오토바이와 좁은 도로, 우산을 직접 들겠다고 나서는 i의 고집까지 1킬로미터 남짓한 길을 걷는 것은 그리 쉽지 않았다. 하지만 두 사람은 그 길이 불편하다거나 힘들다 생각지 않았다. i는? 그렇게 재미있는 길은 처음이라는 표정. 세 사람이 그렇게 약속 장소에 도착해보니 H, B 커플은 로비까지 나와 세 사람을 기다리고 있었다.

"갑자기 비 오는 소리가 들려서 너무 미안한 거야."
"우와, 여기 진짜 좋다!"

전혀 힘들지 않았다고, 그것보다는 이 풍경 대체 뭐냐며 호들갑을 떠는 J와 D, 그리고 강과 배가 보여 마냥 신난 i까지 다섯은 금세 즐거운 표정이 되었다. 외국에서 만나 함께 식사를 한다는 우연 섞인 필연에도 감탄하면서 말이다.

식사를 시작할 때쯤 되자 비가 개었다. 다섯 사람은 실내 자리에 잠시 앉아 있다가 비가 그칠 기미가 보이자 테라스 쪽만 바라봤다. 그 시선을 느꼈는지 직원들은 서둘러 자리를 준비해주었고, 다섯은 달리듯 그곳에 가 앉았다. 모두 같은 마음이었다. 운 좋게 테라스 자리에 앉아 짜오프라야 강과 좋은 음식, 술을 놓고 마주 앉은 다섯은 더 신날 게 없다는 표정으로 잔을 부딪쳤다.

이 장면으로 네 사람은 서로의 사전, 그 안에 담길 자신의 정의를 쓸 수 있으리라 생각했다. 한 남자, 또는 한 여자의 성격은 그의 친구나 아내를 보면 알 수 있으니까 말이다.

"애네들도 그렇겠지?"

네 사람은 이 자리에는 함께 오지 않은 H, B 커플의 아이들을 함께 떠올렸다. 아마도 그럴 것이다. 아이들도 서로가 서로의 정의가 되어줄 것이다. 그건 생각만 해도 흐뭇해지는 것이었다.

축제로
향하는
길

벽에 부딪혔을 때는, 가볍게 뒤를 돌아봐.

아니면 잠시 앉아 쉬는 것도 좋은 방법이지.

그러나 때로 새로 시작한 글이 전혀 진척되지 않을 때도 있었다.
그럴 때면 벽난로 앞에 앉아 귤 껍질을 손가락으로 눌러 짜서
그 즙을 벌건 불덩이에 떨어뜨리며
타닥타닥 튀는 파란 불꽃을 물끄러미 바라보곤 했다.

어니스트 헤밍웨이, 《파리는 날마다 축제》

1

D는 마라토너가 아니었다. 단거리를 워낙에 못해서 그나마 장거리에 자신 있다고 말할 뿐이지 장거리도 딱히 잘 달리는 편은 아니었다. D는 달리기를 할 때면 딴생각이 많이 나 피곤해서 그렇다고 핑계를 댔다. 정말로 그랬다. D가 스스로 '나이트 러너'가 될 거라며 작심삼일의 밤을 보낼 때도 그랬다. 가로등만 켜진 탄천의 길은 한적했고, 제멋대로 자란 갈대들이 그나마 있는 소리도 잡아채고 있는지 길은 고요했다. 때때로 좋지 않은 냄새와 무수한 날벌레들이 현실감을 더해줄 뿐이었다. 그런 길을 뛸 때도 D는 생각이 많았다. 생각의 종류라든지 중요도를 별점으로 매긴다면 한 개 반을 겨우 받을까 말까 한 생각들. 생산성이라고는 하나도 찾아볼 수 없는, 그야말로 휘발성 가득한 생각들. 그런 생각을 하느라 D는 에

너지를 다 소진하곤 했다. 그래서 같은 거리를 달려도 남들보다 배는 힘들어했다.

J는 단거리 주자였다. 스스로 그렇게 믿었다. 꽤 나이를 먹을 때까지 그렇게 믿었다. J는 학교 체육대회에서 줄곧 반 대표 달리기 선수로 나섰다. 그래서 자신의 달리기 실력이 또래 중에는 상위권이라 믿었다. 하지만 알고 보니 반 아이들 중 달리기 선수로 나설 만큼 열정적인 친구가 없었을 뿐이었다. 그 사실을 깨달은 후에도 J는 단거리 주자였다. 이유는 간단했다. 장거리보다는 단거리가 빨리 끝나니까. J가 장거리를 버거워했던 이유는 지루함이었다. 눈에 결승점이 보이지 않으면 J는 지루해졌다. 보이지 않는 결승점 같은 건 달리고 싶은 마음까지 앗아가버리는 것이었다. 그래서 J는 가능하다면 단거리 주자로 남길 원했다. 짧은 시간 있는 힘껏 내달리고 늘어지게 쉬는 편을 택했다.

그런 두 사람이 일상에서 가장 버거워했던 것은 반복이었다. 두 사람은 반복을 잘 견디지 못했다. 매번 같은 결승점에 도착하는 게임에 익숙하지 않았고, 세 번에 한 번은 다른 코스를 달려야 직성이 풀렸다. 하지만 일상이란 건, 생활이란 건, 그런 예외를 잘 허용치 않는다. 마치 데모 게임처럼 하나의 코스만 주어졌다. 그러다 보니 두 사람은 남들보다 일찍 지쳤고, 남들보다 먼저 나자빠지곤 했다. 그런 스스로를 한심하게 쳐다본 것은 i를 낳은 후였다. 젊다고 하기보다는 어렸던, 말 그대로 철없고 싱싱했던 시절이라면 세 번에 한 번은 판을 뒤엎어버려도 문제가 없었다. 가던 코스를 벗어나 도시락을 까먹어도 무방했고, 아예 다른 달리기 대회 코스로 들어서도 뭐라 하는 사람이 없었다. 오히려 다양한 경험, 그것에 도전할 수 있는 용기를 칭찬받기도 했다. 하지만 i와 함께하기 시작한 그날부터 두 사람에게 '이탈'은 금지어가 되었다. 세상 모든 부모들이 그랬듯이.

2

그렇게 두 사람이 '이탈'을 포기한 순간이었다. D는 오래도록 해오던 프로젝트가 갑작스레 끝나버려 의도치 않게 코스를 벗어나야 했다.

"여기서부터는 더 달려도 메달을 드리지 않습니다. 그러니 뛰든지 말든지 마음대로 하세요."

갑작스레 받은 통보에 D는 달리기를 멈췄다. 원래도 뛰고 싶지 않았는데 메달도 안 준다니 당연히 멈출 수밖에. 이어서 진행 중이던 몇 개의 프로젝트도 불꽃놀이처럼 허무하게 터져버렸다. 그 흔한 불발탄 하나 없었다. D는 두리번거렸다. 다시 뛸 만한 코스가 없을까, 아직 터지지 않은 탄이 있지는 않을까, 두리번거렸다.

없었다. 그래서 일단은 앉았다. 그런 D에게 J가 다가왔다.

"가자."

"어딜?"

"피아노 사러."

"피아노?"

"응. 배울 때가 된 것 같네."

J는, 경험에 있어서는 극한의 미니멀리스트였던 D가 더 많은 경험을 하길 원했다. 특히 글을 쓰는 데 도움이 될 만한 경험들, 여행이라든지 수영 같은 것을 해보길 권했다. 피아노 연주도 그중 하나였다. 니체처럼 글을 쓰는 삶의 틈새에 피아노가 있으면 좋겠다고 J는 생각했다. D도 동의했다. 반복은 참지 못하는 주제에 새로움에는 겁을 먹는 D. 그의 등을 떠미는 J의 손길은 간절한 것이었다. 하지만 지금이 정말 좋은 시기일까? 탈선해버린 위치를 바로잡아 최대한 빨리 뛰던 코스로 돌아가야 하지 않을까? D가 어쭙잖은 고민을 하는 사이 J는 외출 준

비를 마쳤다. 그리고 함께 디지털 피아노 매장으로 향했다. D는 운전을 하며 자신과 비슷한 또 다른 커플을 떠올렸다.

3

캐나다 〈토론토 스타〉에서 기자로 일하던 헤밍웨이는 빨간불이라든지 정지선이라든지 하는 것들과는 거리가 먼 사람이었다. 생의 지루함을 누구보다 먼저 파악하는 이였고, 누구보다 먼저 권태에 빠지는 이였다. 열정을 연료 삼아 내달리는 스타일이었으며 그 어떤 스포츠카보다 연비가 좋지 않았다. 그래서 아무리 연료통을 채워도 게이지는 금세 바닥을 드러냈다. 미국과 캐나다에서의 삶은 특히 그랬다. 헤밍웨이의 가슴을 뛰게 할 정도로 열정 넘치는 사건은 그곳에 없었다. 그 시대에 그런 열정은 모조리 파리에 몰려 있었다. 그래서 헤밍웨이는 그곳에 가야만 했다.

하지만 열정은 일찍이 어떤 나라에서도 화폐로 인정받지 못했기에 파리에서의 삶은 좁디좁은 다락방 수준을 벗어나지 못했다. 아무리 당시 파리의 물가가 저렴했다 해도 신문 기사를 작성해서 보내는 것으로는 생활을 이어가기 힘들었다. 기사를 쓰는 데 오랜 시간이 걸리지 않았기에 헤밍웨이는 대부분의 시간을 무일푼으로 파리를 거닐었다. 그래도 될까 싶을 정도로 걷고 또 걸었다. 모르는 사람이 그를 봤다면 '저 미국인은 이 시간에도 저리 여유롭게 산책하는 걸 보니 돈이 어마어마하게 많은가 보군'이라 생각했을 것이다. 헤밍웨이는 그저 돈이 없어서 걸었을 뿐인데 말이다.

그렇게 걷다가 동전을 줍는 것 같은 행운을 마주할 때도 있었다. 어느 날 미국인이 경영하는 서점 셰익스피어 앤드 컴퍼니를 발견했다. 회원제로 운영되던 그 서점은 도서관처럼 마음껏 책을 빌려볼 수 있었다. 가난한 헤밍웨이에게는 최고의 장소였다. 그곳을 발견하고 어찌나 기분이 좋았는지 헤밍웨이는 곧장 집에 돌아와 아내에게 금광이라도 발견한 듯 서점을 소개했다. 흥미로운 것은 그의 아내 역시 셰익스피어 앤드 컴퍼니를 금광 보듯 바라봤다는 것이다. 그녀는 지금 가진 돈으로 당장 가서 회비를 내자 말했다. 또 남는 돈으로는 이 발견을 축하하기 위해 값싼 와인을 한 병 사서 돌아오자 말하며 길을 재촉했다. 모르는 사람이 그녀를 봤다면 '저 미국인은 돈이 어마어마하게 많은가 보군'이라 생각했을 것이다.

피아노 매장에 들어선 J와 D를 본 모르는 사람들도

아마 그렇게 생각하지 않았을까? 평일 낮에 피아노 레슨을 받는 30대 남자를 본 사람들도 아마 그렇게 생각하지 않았을까? 저 사람은 얼마나 돈이 많길래 남들 일할 때 피아노 레슨을 받는 걸까? 딱히 피아니스트 데뷔를 꿈꾸는 것 같지도 않은데? 남들이 그런 생각을 하든 말든 J는 D에게 피아노를 선물했고 레슨을 알아봐주었다. 덕분에 할 일이 생긴 D는 생전 처음 피아노 건반에 손을 올렸다. 그리고 눌렀다. 도, 레, 미. 할 줄 아는 건 계명의 순서대로 손가락을 움직이는 게 전부였다. 그마저도 '도'가 어디 있는지 헤매는 바람에 몇 번의 시행착오를 겪어야 했다.

"도움이 됐으면 좋겠다."

그 한심한 모습에도 J는 이 시간이 도움이 될 거라 말했다. 정말 그럴까? 이렇게 이탈한 자리에서 돗자리를 깔고 피크닉을 즐겨도 괜찮은 걸까? i는 주먹으로 피아노를 내리치듯 눌렀다. D의 연주와 크게 다를 것 없는 소리가 울렸다. i는 그 소리가 재밌었는지 건반을 두드렸다. 그런 i를 보며 두 사람은 "잘한다, 잘한다"를 연호했다. i는 뭔지는 모르겠지만 일단은 '신나!'라는 표정으로 피아노를 쳤다.

4

그러나 때로 새로 시작한 글이 전혀 진척되지 않을 때도 있었다. 그럴 때면 벽난로 앞에 앉아 굴 껍질을 손가락으로 눌러 짜서 그 즙을 벌건 불덩이에 떨어뜨리며 타닥타닥 튀는 파란 불꽃을 물끄러미 바라보곤 했다.

i를 재우며 함께 침대에 누웠을 때, J가 말했다.
"헤밍웨이도 그랬대."
"의외다. 헤밍웨이는 고민 없이 쫙 쓰고 탁 덮고 툭 던졌을 것 같은데."
"하물며 헤밍웨이도 그랬는데 뭐. 그동안 잔뜩 만들어내는 것에만 집중해왔으니 이제 조금 쉬면서 새로운 것을 채워 넣을 시간이 됐지."
"그 시간이 너무 길어지면 어떡하지?"
"응? 거기까진 생각 안 해봤는데."
"헤밍웨이는 어쨌대?"
J는 책을 뒤져보더니 답했다.
"축제에 갔대. 날마다 아내와, 파리에서."
"파리 좋지……."

두 사람은 한두 해 전 다녀온 파리를 떠올렸다. 돈이 없어 레스토랑 한 번 가지 못했던, 매일 밤 케밥과 값싼 와인, 그리고 맥주를 사들고 들어왔음에도 연신 파리를 예찬했던 그 시간을 떠올렸다.

"다음에 또 가자."

D가 말했다.

"그러면 오늘은 치킨에 와인 한 잔, 어때?"

J는 언제나 축제로 향하는 길을 아는 사람이었다.

눈을
마주치면

좋은 카메라로도 담을 수 없는 풍경,

세상에는 그런 것이 아주 많아.

> 우리에게 남는 것은 무엇일까 몇 장의 사진들 말고
> 기록된 사실 말고
>
> 황인찬, <아는 사람은 다 아는>

1

D는 남들보다 비교적 늦게 첫 여권을 만들었다. 그것도 여행을 좋아하는 J 덕분이었다. 여권을 만드는 데 필요한 첫 단계는 사진 찍기였다. D는 주민등록증을 만든 이후 처음으로 사진관에 갔다. 살짝 미소 지어보라는 사진사의 말에 D는 입꼬리를 올려 세상에서 가장 어색한 미소를 지었다. D는 그나마 부드러워 보이는 인상의 사진을 골랐고 그 사진은 여권에 새겨졌다.

그 여권으로 다닌 도시가 몇 곳일까. 후쿠오카와 도쿄, 오사카, 이스탄불, 자그레브, 부다페스트, 파리, 리스본 그리고 발렌시아와 바르셀로나. D의 여권에는 어느새 꽤 많은 도시의 도장이 찍혔다. 그 도시들마다 사진을 찍지 않은 곳이 없었는데 가끔 스마트폰 앱이 보여주는 몇 년 전 오늘이라든지, 어디에서의 즐거운 추억이라든지 하는 앨범을 들여다볼 때면 두 사람은 잘 키운 식물의 화분을 보는 것처럼 뿌듯해했고, 또 그곳들을 그리워했다.

"거기 사진은 없네?"

하루는 튀르키예 여행 사진을 열었다. 길치인 J와 D에게 작은 아야 소피아를 안내해준 친절한 여인, 손수레에서 파는 고등어 케밥, 허름한 게스트하우스 옥상에서 조식으로 먹은 라면, 라면 옆으로 무수히 날아다니는 비둘기들과 그 너머로 작게 보이는 보스포루스 해협의 다리. 일정 때문에 먼저 홀로 이스탄불에 도착한 J가 남긴 이국적인 풍경들, 일정을 착각하는 바람에 홀로 하루 더 이스탄불에 머물러야 했던 D가 남긴 감흥 없는 사진들. 그런 사진을 넘겨보던 중 J가 물었던 것이다.

"어디?"

D가 묻자, J는 지명이 잘 생각나지 않는지 두어 글자를 조합하며 중얼거렸다.

"아, 카파도키아?"

두 사람이 처음 열기구를 탔던 곳. 열기구를 타는 것보다 그것을 타기 위해 새벽에 일어나야 했던 것이 더 힘들었던 곳. 열기구가 올라 돌로 만들어진 협곡 사이를 오가는 장엄한 풍경에 새벽잠이 다 깨어버렸던 곳. 아침에 마시는 와인 한 잔이 얼마나 맛있는지 알게 해준 곳.

두 사람에게 카파도키아는 그런 곳이었다. 사진이 없을 리 없었다.

"열기구에서 찍은 사진들 다 있는데?"

D가 말했다.

"아니, 그거 말고."

"아!"

D는 J가 지금 어떤 곳을 떠올리고 있는지 알아차렸다. 그곳은 아침의 열기구와는 전혀 다른 곳이자 카파도키아의 두 얼굴을 볼 수 있는 곳이다. 선셋 포인트라 불리는 그곳은 이름 그대로 석양을 볼 수 있는 명소로 해가 질 무렵 많은 이들이 찾는다. 숙소에서 그리 멀지 않은 곳에 있어 두 사람은 산책할 겸 걸어서 선셋 포인트를 향했다. 올라가는 중에는 딱히 풍경이랄 것이 없었다. 밝은 색의 돌과 바위, 그리고 기암괴석이 보일 뿐이었다. 많은 산이 실은 그렇듯이 말이다.

하지만 선셋 포인트가 있는 장소에 오르면 이야기는 달라진다. 그곳은 오키나와의 어떤 절벽처럼 1만 명이 앉을 만큼 넓지는 않았지만 사랑하는 이의 손을 잡고 걷기에는 충분할 만큼 넓었다. J와 D도 적당한 자리를 찾아 앉았다. 바람이 많이 불어 J는 스카프를 둘렀고, D는 따뜻한 차이를 사러 갔다. 그러는 사이 말을 탄 사람, 노부부, 신혼부부, 어린아이의 손을 잡고 온 이들이 그곳에 올라왔다. 흥미로운 점은 그들 모두 길을 잃을까 두려운 사람들처럼 서로의 손을 꼭 잡고 있었다는 것이다. D도 테이블에 차이를 올려둔 뒤 J의 손을 잡았다.

그러는 사이 해는 빠르게 기울었다. 점점 더 많은 사람이 몰렸다. D는 가장 전망이 좋아 보이는 곳으로 가볼까 싶었지만, J는 여기도 괜찮다고 말했다. 그래서 두 사람은 몇 걸음 뒤에서 해가 눕는 장면을 마주했다. 그 모습은 뭉크의 그림 속에 나오는 타오르는 듯한 석양은 아니었다. 한강 너머로 사라지는 금빛 석양과도 거리가 있었다. D는 이제 막 타기 시작한 숯이나 아궁이에 던져놓은 장작불 색과 비슷하다고 생각했다. 이 절경을 보고 고작 떠올리는 것이 숯과 장작이라니……. D는 이래서는 작가가 되기는 글렀다는 생각을 했다. 그러니 사진이나 찍어두자 싶은 마음에 카메라를 들고 자리에서 일어났다. 그리고 셔터를 누르지 못한 채 다시 자리에 앉았다.

"왜? 안 찍어?"

J가 물었다.

"안 담겨."

D가 말했다.

"그럴 줄 알았어."

J가 고개를 끄덕였다.

카파도키아의 석양은 두 사람이 가진 카메라로는 담을 수 없었다. 아무리 좋은 카메라로도 담을 수 없는 풍경. 세상에는 그런 것이 아주 많았다. 카파도키아의 석양도 그런 것 중 하나였다. D는 자리에 앉아 어느새 식어버린 차이를 마셨다.

2

그때 마신 차이의 맛이 떠오른 것은 닻미술관에서 열린 브라이언 오스틴의 전시 〈무경계〉를 보았을 때였다. 브라이언 오스틴은 하와이나 오스트레일리아의 바다를 오가며 바다의 생명을 카메라에 담았다. 그 사진들은 바다와 땅, 그리고 하늘의 경계를 지우는 작업이었는데, 실제 그가 담은 바다 사진을 보면 모든 것이 이어진 듯 보였다. 아니, 모든 것이 손을 잡고 있는 듯 보였다. 전시에서 가장 시선을 끄는 것은 사진이 아니라 그가 남긴 글이었다. 그의 이야기는 이렇다.

브라이언 오스틴은 며칠을 바다에 들어가며 고래를 마주했다고 한다. 그리고 그때마다 카메라를 들었다. 왜 아니겠는가. 그 벅찬 광경 앞에서 누군들 그러지 않을까.

브라이언 오스틴 역시 대부분의 시간을 뷰파인더를 통해 고래를 보았다. 그러던 어느 날, 카메라 배터리가 방전되어 더는 셔터를 누를 수 없게 되는 순간이 있었다. 작가는 의미 없어진 카메라를 내렸다. 그러자 그의 눈에 닿은 것은 고래의 눈이었다.

처음으로 뷰파인더가 아닌 눈과 눈으로 순수하게 아름다움을 공유하는 순간. 그 순간을 작가는 인간의 언어로는 다 표현하지 못하는 듯 보였다. 그래서 역사의 기록물처럼 담담히 적어냈다. J와 D는 두리번거렸다. 그 순간을 담은 사진을 마주하고 싶었다. 아름다움을 좇는 눈길이 늘 그렇듯 바삐 고개를 돌렸다. 하지만 전시장 어디에서도 그 장면은 마주할 수 없었다. 당연한 일이었다. 카메라의 배터리는 방전되었고, 셔터는 눌려지지 않았고, 고래와 작가 두 존재는 눈을 마주하고 있을 뿐이었다. 말하자면 고래와 작가, 오직 두 존재만이 아는 장면이었다. 어쩌면 카파도키아의 석양과 브라이언 오스틴이 마주한 고래의 눈빛은 비슷했으리라. 두 사람은 짐작했다. 그렇기에 10년이 넘은 차이의 향이 아무런 연관도 없는 미술관에서 느껴진 것이리라. 두 사람은 생각했다.

그렇게 전시장을 나서며 두 사람은 함께 떠올렸다. 그것은 어느 시에 그려진 대나무숲이었다. 숲에는 J와 D처럼 두 사람이 있다(아니, 없을 수도 있다). 두 사람은 서로의 사진을 몇 장 찍고 함께 찍기도 했다(아니, 했을지도 모른다). 그런 두 사람은 서로에게 이렇게 말한다. "남는 것은 사진뿐이야." 그렇게 말하면서 생각한다.

우리에게 남는 것은 무엇일까 몇 장의 사진들 말고
기록된 사실 말고

J와 D는 황인찬 시인의 시 〈아는 사람은 다 아는〉 속 두 사람의 질문을 떠올리며 걸었다. 답은 무엇이었을까. 딱히 막는 사람도, 사진 촬영이 금지되지도 않은 그곳에서 단 한 장의 사진도 찍지 않은 채 그곳을 나선 두 사람에게 이 질문은 어떤 답을 통해 다음 장으로 넘어갈 수 있었을까.

그 답을 골똘히 생각하는 동안 두 사람은 동시에 월터라도 된 듯 시공간을 넘어 같은 장면에 도착했는데, 거기에는 i가 있었다.

3

i는 바다와 느리게 친해졌다. 감각이 예민한 i는 모래

에 발을 딛는 것도 싫어했고, 파도 소리에는 귀를 막았다. J와 D는 그런 i와 자주 바다로 향했다. 꼭 모래사장 위를 걷지 않더라도, 파도를 즐기지 않더라도 상관없었다. 그저 저토록 커다란 존재도 유해하지 않음을 천천히 알려주고 싶은 마음이었다. 그래서 시간이 걸리더라도 바다에 자주 도착했고, 찰나라 할지라도 i에게 바다와 인사를 나눌 수 있게 도왔다. 그렇게 몇 번의 시간이 반복되고, 또 몇 번의 만남이 이어졌다.

어느 날, i는 모래에 발을 디뎠다. 또 걸었다. 뒷걸음질하지 않고 앞으로 조금씩 조금씩 걸었다. 그 걸음의 앞에는 파도가 있었다. i는 한참을 그대로 선 채, 바다 위 어딘가를 바라보았다. J와 D는 그런 i의 모습에서 옅은 불빛과 온도가 오르는 것을 느낄 수 있었다. 두 사람은 서로의 눈을 한 번 바라보고 다시 말없이 i를 바라보았다.

i는 가끔 고개를 돌려 두 사람이 가까이 있는지 확인하고는 다시 바다에 시선을 두었다. i는 무엇을 보았을까? 궁금해하며 J와 D도 바다를 바라보았다. 특별한 것 없는 바다. 여전한 모래와 여전한 파도, 또 여전한 수평선. 두 사람의 눈에 비친 바다는 그런 것이었다. 그때 i가 두 사람의 손을 잡아끌었다. 두 사람은 i 가까이에 쪼그려 앉았다. i는 두 사람을 번갈아 보고는 바다를 향해 손

짓했다. 그리고 말했다.

"바다."

그 목소리는 너무나 또렷이 두 사람의 귀에 들어왔다. 파도가 아무리 크게 친다 해도, 때마침 뱃고동 소리가 울린다 해도 i의 목소리만큼 크게 들리지는 않을 것이리라. 두 사람은 생각했다. i가 다시 바다를 보자 J와 D도 아이가 보는 곳을 바라보았다.

세상에.

거기에 바다가 있었다. 어른의 높이에서 볼 때는 지극히 평범했던 바다. 하지만 i의 높이에서 바라보니 세상을 집어삼킬 것만 같은, 혹은 온몸으로 세상을 안아줄 것 같은 거대한 바다가 거기에 있었다. 두 사람은 동시에 사진을 찍어야겠다고 생각하고 스마트폰이 든 주머니에 손을 넣었다. 하지만 꺼내지 않았다. 두 사람은 이미 알고 있었다. 카메라로는 담기지 않는 것이 있다는 것을. i도 그 사실을 알고 있었다. 그래서 한없이 눈을 마주하고 있는 것이리라. 두 사람도 i처럼 바라보았다. 경계 없는 세상. 그곳에 두 발로 선 i를.

남은 것은 그것이 전부였고 그래서 충분했다.

살아낸 날들의

쓸모없음,

살아갈 날들의

아름다움

볕의 일

허리 숙여 볕을 심는 일.
그 볕이 자라 푸른 잎을 드러내는 일.
가만한 바람을 탄 잎의 미소가 별처럼 퍼져가는 일.
그 별의 빛을 나란히 서서 바라보는 일.

당신의 당신께서는 그 일을 몹시 훌륭히 해내었고
당신은,
당신의 어깨 너머로 고개를 내밀어
그 귀한 일을 배웠습니다.

그리고 언젠가
그 일을 물려받은 당신은,
당신처럼
허리를 숙이고 볕을 심었습니다.
무수한 오늘을 기원하며 볕을 심었습니다.

그해의 오늘.
볕으로 태어난 당신은
그렇게
그해의 당신이 되었습니다.

이 특별한 오늘을 당신께선
어떤 마음으로 바라보고 있을까요.

나와 당신의 품에 안긴 작은 볕을 바라보는 마음.
아마도 그것과 다르지 않을 것입니다.

크다는
건
편리하지

하지만 세상에서 가장 큰 사람도

우주보다 크지는 못해.

자연 세계 안에서 순환하는
다른 존재와의 공존을 실감한 인간은
별 아래 겸허했다.

최다정,《시가 된 미래에서》

1

J가 좋아하는 놀이 중에는 '그럼 이거야!' 놀이가 있다. 이 근본 없는 놀이를 설명하자면 이렇다. 식사 자리든, 술자리든, 침대에 나란히 누워서든, 이야기를 나누다 어떤 상황을 떠올리는 것이다. 예를 들면 다음에 태어나면 무엇이 되고 싶은지, i가 커서 외국인과 결혼하겠다고 하면 어떨지(놀랍게도 이 상상을 하면서 J와 D는 여행하고 싶은 나라를 찾기 시작했다) 같은 것이다. 보통 이 놀이의 시작은 J다.

"그럼 이거야! 다시 태어나는데 딱 하나를 바꿀 수 있어. 그러면 뭘 바꿀 거야?"

D는 이 놀이의 주최자라기보다 꽤 괜찮은 참가자였다. 어떤 조건의 상상이든 성실하게 임했다.

"거대해지고 싶어."

D의 대답이었다. D는 키가 작은 편이다. '작다는 건

편리하다'는 어느 만화의 부제와 달리 세상은 키 작은 남자에게 조금은 가혹한 편이었다. 물론 그 가혹함의 대부분은 D 혼자 느끼는 자격지심에 불과했다.

"거대? 어느 정도?"

"198센티미터에 98킬로그램."

지나치게 구체적인 숫자에 J는 기가 막힌다는 표정을 지었다.

"마이클 조던 현역 때 사이즈야. 그 정도면 딱 좋을 것 같아."

"그렇게 커서 뭐 하려고?"

"그냥. 크면 좋잖아. 외국에서 영어를 못 해도 당당할 수 있을 것 같고."

D의 하찮은 대답에 J는 코웃음을 쳤다.

"……내가 거대하다면 i도 작지 않을 테니까."

J는 웃음을 멈췄다.

2

작다는 것은 불편한 것이다. D는 그렇게 생각했다. 외모를 바탕으로 한 편견은 옳지 않다는 사회적 합의는 있지만, 우리의 DNA는 거대한 것에 더 예의를 갖추곤

한다. 그것은 크기와 힘이 전부였던 최초의 인간 시절부터 이어져온 것이며, DNA는 인류가 걸어온 시간 정도로는 바꿀 수 없을 정도로 느긋하다. D는 그것이 서글펐다. 자신과 같은 경험, 키가 작아 겪어야 했던 재수 없는 일들, 그런 것을 i가 겪어야 한다고 생각하면 서글퍼졌다. 그래서 J의 질문에 거대해지고 싶다는 답이 고민 없이 나왔다. 하지만 J도 D도 알고 있다. '그럼 이거야!' 게임의 맹점은 현실이 아니라는 사실을. 그것은 그저 가정일 뿐이며 상상일 뿐이며 한순간의 유희에 불과했다. 그래서 또 서글퍼졌다.

3

D는 i가 그런 유전자 이야기를 하며 서글퍼할 때를 대비해 이런 이야기를 생각한다.

대중들에게 자신이 본 우주의 그 황홀한 아름다움을 전하고 싶었던 천문학자였던(게다가 잘생기고 쇼맨십도 뛰어나고 키도 컸다) 칼 세이건은 동명의 다큐멘터리 〈코스모스〉에 직접 출연해 우리를 지구 밖 세상 그 거대한 공간으로 안내했다. 그런 장면 중 많은 이들에게 깊은 인상을 남긴 것은 그가 바다의 해변에서 한 줌 모래를 쥘 때였다. 그는 손으로 모래를 쥐며 말한다. 지구의 모든 모래알보다 우주의 별들이 더 많다고.

그 시각적 충격은 놀라운 것이었다. 아무리 작은 손이라도 그 안에 든 모래알을 세려면 며칠은 걸릴 것만 같은데, 지구의 모든 모래를 모아도 우주의 별보다 적다는 사실은 그야말로 경악할 정도로 황홀한 이야기였다.

그렇다면 칼 세이건은 왜 그런 장면을 다큐멘터리에 넣은 것일까? 왜 《코스모스》에 이런 문장을 남긴 것일까? 그 이유는 간단하다. 우주의 관점에서 보면 우리가 얼마나 작은 존재인지, 그 작은 존재가 별것도 아닌 것을 쥐겠다며 아등바등하는 것이 얼마나 하찮은 일인지 말해주기 위해서였다.

D는 우주의 관점에서 생각해보기로 한다. 우주에서 보면 마이클 조던도, D도, 먼지보다 작은 점처럼 보일 것이다. 그것도 지구에서 제일 가까운 우주에서, 그것도 외계인이 만들었을 법한 성능 좋은 망원경으로 봤을 때나 가능한 일이다. 흥미로운 것은 D의 이런 생각이 아주 오래된 생각이라는 점이다.

> 기원전 사람들은 적도(赤道) 근처의 별들을 스물여덟 개의 구역으로 나누었고 구역을 대표하는 별에게는

이름을 지어주었다. 삼(參)이라는 별, 묘(昴)라는 별이 뜬 밤하늘을 가리키면서 저쪽이 서쪽이구나, 하고 방향을 알아챘던 사람들이다. 자연 세계 안에서 순환하는 다른 존재와의 공존을 실감한 인간은 별 아래 겸허했다.

한문학자 최다정의 책《시가 된 미래에서》는《시경》에 담긴 옛 시의 이야기를 담고 있다. 그중에는〈소성(小星)〉이라는 제목의 시가 있다. 시인은 이 시에서 하늘 위 떠 있는 총총한 별과 그 아래 작은 자신의 운명을 이야기한다. 최다정 작가는 그 모습을 '겸허'라 표현했다. 놀라운 것은 그 먼 옛 시에 담긴 인간과, 현재의 인간이 별을 보며 느끼는 감정이 동일한 '겸허'라는 사실이다. 아폴로호가 달에 도착하고, 프랭크 시나트라가〈플라이 미 투 더 문(Fly Me to the Moon)〉을 부르고, 1977년 지구를 떠난 보이저호가 35년 만에 태양계를 벗어났다 하더라도 달라질 것은 없다. 심지어 보이저호는 '겸허'라는 문학적 표현을 가장 과학적으로 보여주었다.

4

 1977년 9월 5일. 지구를 떠난 보이저호는 다행히 완벽한 항해를 통해 우주탐사를 이어가고 있었다. 그런데 어느 순간, 칼 세이건은 보이저호의 카메라 방향을 돌려달라고 요청한다. 프로젝트에 참여한 모든 이들이 경악한다. 그게 무슨 소리냐고 만류한다. 하지만 칼 세이건은 뜻을 굽히지 않는다. 설령 카메라를 돌리다가 보이저호가 고장이 나서 임무를 종료해야 하는 상황이 온다고 하더라도, 반드시 카메라를 돌려야 한다고 믿었다. 왜 그랬을까? 그가 보여주고 싶은 것이 있었기 때문이다. 우주에서 바라본 지구의 모습 말이다.

 지구는 가까이서 보면 물과 구름, 산과 나무 같은 것들로 아름답게 보일 것이다. 하지만 지구에서 멀리 떨어진 은하에서 보면 어떨까? 그곳에서의 지구는 칼 세이건의 표현에 의하면 '창백한 푸른 점'에 불과했다. 우리가 사는 이 거대한 지구가, 한국에서 유럽에 가려면 비행기로도 열두 시간을 꼬박 가야 하는 커다란 지구가 우주에서 바라보면 작은 푸른 점에 불과하다는 사실. 칼 세이건은 그 진실을 지구에 사는 우리에게 보여주고 싶어 했다. 그리고 그 모습을 본 이들은 하나같이 생각했다. 저 작은 점 안에서 우리는 무엇을 하며 살고 있는 것인지.

　D는 훗날 i에게 창백한 푸른 점의 사진을 보여주기로 마음먹었다. 가능하다면 i가 좋아하는 모래놀이를 할 수 있는 해변에서. 모래사장 앞으로 수평선보다 높은 것이 아무것도 없는 그곳에서 이 사진과 문장을 전하기로 마음먹었다. 관점을 조금만 넓히면 크고 작은 것의 차이는 아무것도 아니라고. 그런 부스러기도 되지 않는 생각을 할 바에야 모래성을 쌓고, 파도에 발을 적시고, 또 첨벙 빠지고, 놀라서 웃고, 한 번 더 첨벙 빠지는 편이 좋은 것이라고.

　그럼에도 i는 이렇게 말할지도 모른다.

　"그래도 작은 건 싫어. 컸으면 좋겠어."

　그러면 어쩔 수 없다는 표정으로 목말을 태워주기로 마음먹었다.

작다는
건
편리하지

크기에 집착할 필요 없어.

집도, 너도.

왕의 정원과 보통 사람의 정원은 크기와 호사스러움에서만 차이 날 뿐 내용은 하나도 다를 게 없다. 크고 엄청난 베르사유 정원과 내 책상 위의 작은 화분이 갖는 의미는 똑같다.

윤광준,《윤광준의 생활명품 101》

1

J와 D가 처음 함께 살게 된 집은 작은 빌라였다. 신발을 놓을 현관은 좁디좁았고, 현관을 넘어서 한 걸음이면 작은 식탁을 놓을 공간, 또 한 걸음이면 주방이었다. 두 개의 방도 그랬고, 화장실 역시 샤워 커튼을 달기에도 애매한 크기였다. 그 작은 공간에 두 사람이 필요한 것들을 넣다보니 좁은 집은 더 비좁아졌다. 한쪽 방 끝에 있는 작은 베란다를 터서 사용하지 않으면 도무지 답이 나오지 않았다. 함께 앉을 2인용 소파를 놓을 수도 없어 1인용 의자를 두 개 놓는 것으로 마무리해야 했다. 주방 수납장도 부족해 고작 2인분 식기와 도구들을 겹치고 또 겹쳐 놓아야 했다. 덕분에 가장 아래쪽에 집어넣은 그릇과 접시는 사용하고 싶어도 엄두가 안 났다. 그때쯤 D는 진심으로 생각했다. 작다는 건 불편하다는 사실을.

2

2년 뒤.

영화에서 이런 자막이 나오면 보통 이야기가 급전개 되거나 많은 일들이 해결되고는 한다. 하지만 인생은 그것보다는 복잡해서인지 "2년 뒤"라는 자막이 흐른 뒤에도 J와 D는 같은 자리에 있었다. 조금 달라진 것이 있다면, 두 사람에게 2인용도 아닌, 2.5인용 소파가 생겼다는 것이었다.

두 사람은 첫 집이었던 빌라에서 2년의 시간을 보낸 뒤 이사를 했다. 2층 주택의 1층 오른쪽 집. 호수보다는 이렇게 설명하는 게 더 어울리는 그런 집이었다. 어린아이들이 땅따먹기를 하듯 이전의 집보다 딱 한 뼘씩 커진 곳이었다. 누군가는 고작 한 뼘이라 말할 테지만 두 사람에게는 거대한 변화였다. 겹쳐둔 열 장의 접시를 다섯 장씩 나누어 둘 수 있었고, 현관에 여분의 신발이나 슬리퍼를 놓아 둘 자리도 있었다. 작지만 두 개의 화장실이 있었으며, 집 앞으로 작은 데크도 있었다. 그리고 무엇보다 달라진 점은 소파가 생겼다는 것이다. 그것도 2.5인용 소파가.

세 사람은 앉기에 비좁은 크기일지도 모를 소파. 하지

만 키가 크지도, 몸집이 크지도 않은 두 사람에게는 누워 쉴 수도 있을 만한 소파였다. 실제로 두 사람은 자주 그곳에 누웠다. 그럴 때면 거실 통창 너머 수십 년은 자랐을, 그래서 거대한 나무들로 이루어진 숲을 볼 수 있었다. 나무에는 작은 새들이 가득했다. 지지배배뱃. 새들은 매일 아침 노래했다. 낮에도 노래했고, 밤에도 종종 노래했다. 새들은 그렇게 지저귀며 자신의 위치를 알렸지만 아무도 그들을 공격하거나 해치지 않았다. 길고양이도 그들이 보이지 않는지, 아니면 나무가 너무 높아서인지 새를 사냥하지는 못했다. 작다는 건 그렇게나 편리한 일이었다.

그 사실을 또 다시 깨달은 것은 i가 태어나 그 작은 집에 도착했을 때였다. 두 사람은 i를 침대에, 혹은 거실 바닥에, 때로는 2.5인용 소파에 눕혔다. 아직 뒤집기를 하지 못하는 i는 아주 작은 공간에서 세상의 전부를 가진 듯 잠들곤 했다. 다만 처음 만난 세상이 궁금해서인지, 그저 배가 고파서인지 자주 잠에서 깨어 울음을 터뜨렸다. 두 사람은 집 어디에 있어도 그 소리를 들을 수 있었다. 그리고 다섯 걸음 안에 i의 곁에 도착할 수 있었다. 작은 집이어서 가능한 일이었다.

3

2년 뒤.

영화에서 이런 자막이 나오면 보통 이야기가 급전개되거나 많은 일들이 해결되고는 한다. 하지만 인생은 그것보다는 복잡해서인지 "2년 뒤"라는 자막이 흐른 뒤에도 J와 D는 같은 자리에 있었다. 조금 달라진 것이 있다면, 두 사람에게 2인용도 아닌, 2.5인용 소파가 생겼다는 것. 그 옆에 1인용 소파를 하나 더 놓을 수 있게 되었다는 것. 그리고 i가 그 소파를 차지했다는 것이었다.

주택에서 2년의 시간을 보내고 세 사람은 이사했다. 더 큰 집이었다. 방이 하나 늘었으며, 크기 때문인지 나이 때문인지는 알 수 없지만 막대 걸레로 청소를 하다가 두 번은 허리를 펴야 할 정도였다. 2.5인용 소파는 여전했다. 다만, 그곳에 눕는 것은 이제 J와 D가 아닌 i였다. i는 그 자리를 좋아했다. 뒤집기와 기어가기, '아장아장'과 '우다다'의 시기가 지나 '우당탕'의 시기가 된 i. 그럼에도 여전히 작고 작은 i. 그에게 2.5인용 작은 소파는 딱 여유롭고 감당할 만한 것이었다.

"이제 조금 더 큰 소파도 놓을 수 있겠는데?"

D가 말한다.

"저거 봐. 충분하지 않아?"

J가 묻는다. 질문의 끝에는 2.5인용 소파에 누워 잠든 i가 있었다. 양 팔을 위로 뻗고 자는 걸 좋아하는 i. 그런 i의 몸과 다리, 양팔을 여전히 품을 수 있는 소파. J의 말대로였다. 그 작은 소파는 i에게 더없이 완벽했다.

"왕궁이 따로 없지."

10센티미터

사랑하는 사람의 마음만큼

이해하기 어려운 것이 없지.

제발, 이 불쌍하고 늙은 아빠를 생각해서,
문은 10센티미터만 열어놔라.

<기묘한 이야기>

1

J와 D의 아버지들은 공통점이 있었다. 나이가 같았고, 젊은 시절 사우디아라비아로 일을 하러 떠났었다. J와 D도 동갑내기였기에 그 시기가 모두 맞물려 있었다. 당연히 IMF며 몇몇 거대한 사건을 같은 세대로서 지나쳐 왔다. 그런 공통점 때문이었을까? J와 D는 각자 아버지들의 사소한 닮은 점을 자주 발견하곤 했다. 예를 들면 TV며 카메라며 전자레인지 같은 전자제품들을 좋아한다는 점, 운전할 때 내비게이션을 절대 켜지 않으며 운전은 아무리 해도 힘들어하지 않는다는 점. 그런 공통점을 발견할 때마다 J와 D는 '그런 것까지 비슷할 것은 또 뭐람?' 싶은 마음이었다.

또 하나 닮은 것은 두 아버지 모두 목소리가 컸다는 것이다. 평소에는 한없이 다정했지만 무언가 일이 틀어졌을 때, 마음이나 생각과 다른 방향으로 일이 진행될 때 두 분은 목소리를 높였다. 어린 시절 D는 그것이 너무 무서웠다. 그래서 자주 눈치를 봤고 덕분에 D는 미어캣이 되었다. J도 마찬가지. 세 남매 중 둘째라는 특성상 J는 항상 눈치를 살폈다. 그리고 빠른 상황 판단으로 이어지는 가장 적절한 행동을 취하려 애썼다. 그러지 않아도 뭐라고 하는 이는 없었지만 그래야 할 것만 같았다. 말하자면 J는 우두머리 미어캣이었다. '그 덕분'이라기보다는 '그런 이유'로 두 사람은 주변을 잘 살폈고, 흐름이라든지 맥락이라든지 하는 것들을 잘 잡아내는 편이었다. 낄 때 끼고 빠질 때 빠지는 타이밍도 잘 알아채서 눈치가 없다는 말을 들어본 기억은 없었다.

그런 능력을 얻기까지 꽤 고통스러운 수련 과정이 필요했는데, 그중 가장 힘들었던 것이 다정한 아버지가 화를 내며 목소리를 높이는 순간들이었다. 그래서 어른이 된 D는 i에게 절대 소리만은 지르지 않기로 결심했다. 특히 i와 직접적인 연관이 없는 일로 화내지 말자고 항상 다짐했다. 기분이 태도가 되지 않기를, 나의 일과 태도, 그리고 표정 때문에 i가 눈치를 보지 않기를, 눈치 능력을 키우는 것은 다른 것을 통해 배울 수 있기를 바랐다.

J는 다짐하기도 전에 그것을 실행으로 옮겼다. J는 i에게 단 한 번도 큰소리를 내지 않았으며, 아무리 좋지 않

은 일이 있어도 i에게는 다정한 모습을 유지했다. D는 그 모습을 보며 항상 놀랍다고 생각했다. 그리고 이에 질세라 자신의 결심을 지키려 애를 썼다.

"그런데 자긴 어차피 목소리가 작잖아?"

J는 D를 보며 말했다. 맞는 말이었다. 그러니 D의 목소리에 i가 놀라는 일은 걱정할 필요가 없었을지도 모른다. 하지만 i는 J와 D의 유전자를 물려받아서인지 눈치가 빨랐다. 제멋대로 행동하다가도 상대방의 목소리나 표정의 미묘한 변화도 금방 알아채곤 했다.

"i야."

자신을 부르는 D의 목소리가 조금만 더 낮아져도 i는 자신이 뭔가 잘못했다는 것을 감지했다. 그리고 재빠르게 J에게 달려가 안겼다. D는 딱히 혼내려는 것이 아니었음에도 i의 그런 모습에 어쩔 줄 몰랐다.

"뭐라고 하려는 게 아니고, 그냥 부른 거야. 괜찮아."

아무리 달래보아도 소용이 없었다. 한번 겁을 먹은 i는 D가 활짝 웃기 전까지 절대 눈치의 경계를 풀지 않았다. 그럴 때면 J는 왜 애한테 겁을 주냐고 장난 섞인 핀잔을 주었고, D는 그냥 이름을 불렀을 뿐이라고 항변했다.

'평소에 무섭게 했으면 억울하지도 않지.'

D가 그렇게 삐치거나 말거나 i는 J의 품에 안겨 안정

을 되찾았다. D는 이 정도도 못하면 어떻게 해야 할까 싶었다. 무언가 잘못된 것을 알려줄 때도 마냥 웃으면서 할 수는 없는 노릇이었다.

2

아이를 키우다보면 누구나 이런 고민에 빠진다. 어디까지가 좋은 말의 경계선일까, 교육의 말은 어떻게 해야 하며, 엄한 것과 무서운 것의 차이는 무엇일까. 이런 질문에 관해 100권의 육아 책은 100개의 솔루션을 제공하고 있다. 각자 자신의 방법이 맞다고 소리 높이면서. 부모는 어찌되었든 한 가지를 선택해야 한다. 아니면 자신들만의 방법을 개발해내야 한다. 아이에게 좋은 말을 아이가 최대한 잘 받아들일 수 있게 하는 방법, 그것을 고안해내야 한다. 하지만 대부분의 부모는 실패한다. 실패의 요인은 다양하다. 너무나 많은 조언을 접하다가 이도 저도 아닌 결과물을 내놓을 때, 자신의 경험만이 최고라는 고집에 빠질 때, 이 방법을 쓰다가 안 될 것 같으면 선회하여 다른 방법을 쓰고, 그것마저 안 되면 또 다른 방법을 쓸 때 그들은 실패하고 만다.

J와 D는 그런 오류를 범하지 않기 위해 많은 대화를

했다. 사례도 들여다보고 두 사람이 좋아하는 가정법으로 시뮬레이션도 여러 차례 해보았다. 하지만 딱히 마음에 드는 방법을 찾을 수는 없었는데 이유는 간단했다. 약의 쓴맛을 감추느라 과일 향을 첨가해봤자 약은 약이고, 오히려 역하기만 할 뿐이라는 사실. 결국 쓴 이야기를 하면 받아들이는 쪽이 쓴맛을 느낄 수밖에 없다는 결론이었다. 그렇다면 생각을 바꿔보는 것은 어떨까? 두 사람은 합의했다. 어떤 방법으로 훈육을 하느냐가 아니라 어떤 방법만은 절대 쓰지 말자로 방향을 돌렸다.

전자의 경우가 "훈육은 반드시 이러이러한 방식으로 한다"라면 후자의 방법은 "훈육할 때 이러이러한 방식은 절대 사용하지 않는다"라는 것이다. 이 형식의 장점은 유연함이다. 아이들은 모두 다르다. '평균적'이라는 말로 어느 정도 묶어낼 수는 있지만 절대적이지는 않다. 부모라 하더라도 아이의 성향을 100퍼센트 파악하는 것은 불가능하다. 아니 어쩌면 자신의 아이이기 때문에 더욱 불가능한 것인지도 모른다. 그렇기에 아이의 성격과 성향, 스타일에 딱 맞는 방법론을 고안하는 것 역시 불가능하다. 이럴 때 필요한 것이 유연성이다. 축구에서도 상대에 따라 전술을 유연하게 변형하는 감독이 각광받듯이 육아와 훈육에서도 아이에 맞게(심지어 아이는 어제와 오늘 사이에 완전히 달라지기도 한다) 전술을 바꾸는 유연성이 필요하다. 4-3-3 포메이션이 유행이라고 그것만 고집하면 연패의 기록을 쌓을 뿐이다. 그렇기에 콘셉트만 정하는 것이다. "우리 팀은 포메이션을 유연하게 가져가되 후방에서 공을 돌리는 건 절대 안 돼!"라든지, "슛을 해야 할 타이밍이 생겼을 때, 패스로 기회를 미루면 안 돼!" 같은 식으로 말이다.

"그럼 우리는 어떤 걸 절대 하지 않는 것으로 할까?"

두 사람의 첫 번째 조건은 서로 같았다.

"절대, 소리치지 않기."

두 사람은 일단 그것만을 헌법처럼 지키기로 했다. 나머지 방법론은 그때그때 i의 모습을 보고 결정하자고, 더 나은 방법을 찾는 것을 두려워하지 말자고 그리고 우리의 감을 가볍게 여기지 말자는 것으로 최종 결론을 내렸다. 어찌 보면 너무나 느슨한 방법론이었지만 두 사람은 안심했다. 이것만 지킬 수 있다면 i는 자신들처럼 쓸모없는 눈치를 보느라 시간을 허비하지 않을 것이다.

3

"이렇게 정하니까 우리 완전 호퍼 같다."

D가 말했다.

"에드워드 호퍼?"

J가 묻는다.

"아니, 짐 호퍼."

"그게 누구야?"

"아니, 짐 호퍼를 모른다고? 같이 봤잖아, 〈기묘한 이야기〉."

J는 D가 또 쓸데없는 기억을 떠올리고 있구나 싶은 표정이었다.

'육퇴' 후 함께 맥주를 마시며 드라마나 영화를 보는 것이 큰 즐거움이었던 두 사람이 재미있게 보았던 〈기묘한 이야기〉는, 현대 판타지라는 큰 장르 안에서 다섯 소년소녀가 성장하는 드라마다. 그 중 주인공 격인 '일레븐'은 자신이 가진 거대한 초능력 때문에 실험체로 이용되다가 네 명의 소년과 몇몇의 선한 어른들을 통해 구출되는 인물이다. 마을의 경찰서장 짐 호퍼는 일찍 딸을 잃고 의욕 없이 폐인처럼 살아가고 있다. 일레븐을 딸의 현신으로 생각한 짐 호퍼는 목숨을 바쳐 일레븐을 구해내고 고아인 그를 돌봐주기로 결심한다.

혼자가 아닌 이유, 그 단 하나의 이유로 짐 호퍼는 폐인의 삶을 내던지고 새로운 인생을 시작한다. 돌보아야 할 존재가 있다는 것은 언제나 사람을 변화시킨다. 짐 호퍼의 보살핌 아래 '엘'로 이름이 바뀐 일레븐은 무럭무럭 자란다. 사춘기를 맞고 또 자연스레 남자 친구를 사귀기도 한다. 남자 친구와는 주로 집에서 데이트를 했는데 딸 가진 아버지들이 모두 그렇듯 짐 호퍼는 그 모습이 못마땅하다. 하지만 잔소리를 하거나 큰소리를 낼 수는 없었다. 그렇게 하면 숲 속의 다람쥐나 새, 토끼가 그렇듯이 자신에게서 달아나버릴까 두렵기 때문이다. 그래서 짐 호퍼는 딱 하나만 부탁한다.

제발, 이 불쌍하고 늙은 아빠를 생각해서, 문은
10센티미터만 열어놔라.

방에 남자 친구와 단둘이 있을 때, 문은 10센티미터만 열어놔달라는 부탁. 사실 짐 호퍼는 하고 싶은 말이 더 많았을 것이다. 훈육하고 가르치고 싶은 것이 훨씬 더 많았을 것이다. 하지만 부모가 할 수 있는 일의 한계는 아이가 낭떠러지로 가려 할 때 길을 막아주는 것 정도가 전부다. 짐 호퍼도 그것을 알고 있었다. 그래서 아이가 시선을 느낄락 말락 뒤에 서서 괜스레 잡초나 돌멩이를 치워주고 있는 것이다. 그 장면을 보며 두 사람은 짐 호퍼야말로 육아의 표본이라는 생각을 함과 동시에 언젠가 짐 호퍼의 자리에 서게 될 서로를 생각했다.

"그때가 되면 i에게 뭐라고 말할 거야?"

J가 묻는다.

"담배는 피우지 말라고."

D가 답한다.

"겨우?"

J가 되묻는다.

"정대만이 오랜 공백에도 다시 농구할 수 있었던 이유잖아. 노담."

J는 당장 시어머니에게 전화를 해 이 아이를 대체 어떻게 훈육하셨길래 하고 따지고픈 표정이었다. 하지만 정말 그렇게 묻는다면 D의 어머니는 이렇게 답했을 것이다.

"내가 키웠냐. 지가 알아서 그렇게 크더라."

맞는 말이었다. 아이들은 스스로 큰다. 부모가 할 수 있는 일이라곤 그저 방문을 10센티미터만 열어놓아 달라고 말하는 것이 전부다.

빛의
재료

빛을 그리려면 어둠을 그려야 해.

어쩔 수 없어.

어둠을 그리려면 빛을 그려야 합니다.
빛을 그리려면 어둠을 그려야 하죠.
어둠과 빛, 빛과 어둠이 그림 속에서 반복됩니다.
빛 안에서 빛을 그리면 아무것도 없지요.
어둠 속에서 어둠을 그려도 아무것도 안 보입니다.
꼭 인생 같지요. 슬플 때가 있어야
즐거울 때도 있다는 것을 알게 됩니다.

밥 로스

1

"네 시작은 미약하였으나 끝은 창대하리라."

D는 이 유명한 성경 구절을 생애주기에 따라 다른 이유로 싫어했다. 아주 어린 시절에는 자신의 시작이 미약하다는 사실 자체를 인정하고 싶지 않았다. 주변의 아이들보다 조금은 앞서 있다 믿었고 어떻게든 그렇게 하려 발을 굴렀다(아마도 이때가 D에게 승리욕이 있던 유일한 시기였을 것이다). 그렇게 성장하다 보니 D는 깨달았다. 자신의 시작이 생각보다 훨씬 더 미약하다는 사실을.

회비를 내지 못해 수학여행을 갈 수 없었던 중학생 D는 그 미약한 시작에 조금 짜증이 났다. 하지만 고등학생의 D가 그때의 D를 만났더라면 이렇게 말했을 것이다.

"넌 아직 미약함이 뭔지 몰라."

D는 그 말을 듣지 못한 채 고등학생이 되었다. 이번에는 수학여행에 갈 수 있었다. 물론 어느 정도의 굴욕을 감당한 결과 가능한 일이었다. D는 담임 선생님의 일방적 결정에 따라 같은 반 아이들에게 자신의 가난을 공표해야 했으며, 그들의 도움을 받아 수학여행에 갈 수 있었다. 중요한 건 그다음이었다. D의 부모님은 말했다. 수학여행 기간에 이사하게 되었으니, 다녀오면 다른 주소의 집으로 와야 한다고. D는 별 생각 없이 알았다고 했다. 그리고 수학여행을 떠났다.

역사적인 폭염이라고 말할 정도로 무더운 여름에 떠난 수학여행 일정에는 포항제철 견학 등이 있었다. 놀랍게도 더운 그곳과 몇몇 재미없는 유적지. D는 수학여행이 생각보다 시시하고 잔인하게 덥다는 사실을 깨달았다. 겨우 이런 곳에 오기 위해 그런 굴욕을 감당해야 했다니. 어서 집에 가고 싶었다.

미약함이란 무엇인가. 수학여행에서 돌아온 D에게 누군가 질문했다면 D는 이렇게 대답했을 것이다. 그것은 한여름 햇볕 아래 우두커니 서 있는 것이라고. 학교로 돌아온 D는 갈 곳이 없었다. 여행을 떠나기 전 살던

D의 집에는 예정대로 다른 사람들이 들어왔다. D의 방에도 다른 이의 살림이 채워졌다. 그렇다면 D의 책상은? 옷장은 어디에 있을까? 정답. 어디에도 없었다.

IMF는 당시 우리가 체감할 수 있는 가장 가까운 국제기구였다. 미약한 가정을 성실하게 방문하던, 그 성실함이 지독히 잔인했던 국제기구. D의 집도 D가 여행을 떠난 사이 그들의 방문을 받았을 것이다.

수학여행에서 돌아온 D가 갈 곳은 외할머니 집이었다. 당시 열두 평 남짓의 외할머니 집 인구 밀도는 상당히 높았다. 외할아버지와 외삼촌이 계셨고 거기에 D의 식구들까지. 발 디딜 틈 없다는 말을 실감할 정도였다. 도보로 통학하던 D는 지하철과 버스를 갈아타야 하는 거리의 집으로 옮겨간 사실이 어이없게 느껴졌다. 그 시간이 얼마나 지속될지 모른다는 것이 더 어이없었다.

다행이고 또 불행인 점은 그런 미약함의 역사가 이상한 꺾은선 그래프처럼 그려졌다는 점이다. 더 곤두박질칠 때도 있었지만, 가파르게 상승할 때도 있었다. 그래 봤자 큰 차이는 아니었지만 그래도 그런 변화가 D와, D의 가족을 살게 했다. 그때의 상승 곡선은 뭐랄까, '창대'라는 말을 기대하게 했으니까.

"네 시작은 미약하였으나 끝은 창대하리라."

대체 언제쯤 미약함의 끝에 도달하고, 대체 언제쯤 창대해질 수 있을까. 그 시간이 시골 버스의 배차 간격만큼이나 늦어 기다리다 지치는 것은 아닐까? 그런 생각을 할 때마다 D는 그 말이 싫어졌다. 결혼을 준비하던 그때까지도 따라다니던 그것이 지긋지긋했다.

어디든 다르지 않겠지만 한국에서 결혼할 때 가장 문제가 되는 것은 집이다. 그것도 양가의 도움을 받기 어려운 상황의 신혼부부에게 그 임무는 헤라클레스의 과업과 다르지 않을 정도로 난도가 높다. J와 D에게도 그랬다. 고려해야 할 것은 너무나 많았고, 가진 것은 부족했다. 그래서 두 사람은 헨젤과 그레텔이 된 것처럼 숲을 헤매며 과자의 집을 찾아 나섰다. 물론 그런 집은 없었다. 그렇다면 어떻게 해야 할까? 아무것도 없는 집에 과자를 붙이기로 두 사람은 결심했다.

2

어린 시절 D가 학교에서 돌아오면 EBS에서는 밥 로스 아저씨가 그림을 그리고 있었다. 아무것도 없는 어두운 세트에 이젤과 캔버스, 그 앞에서 팔레트를 들고 그림을 그리는 아프로 헤어스타일의 밥 아저씨. 그의 그림은 마술 같았다. 시작할 때는 분명 아무것도 없는 캔버스였고, 완성 직전까지 아무것도 아닌 선과 칠에 불과했는데 방송이 끝날 때쯤이면 그곳에는 알프스의 산맥이, 거친 계곡이, 가을의 낙엽 길과 소담한 작은 집이 생겨났다. 그야말로 시작은 미약했지만, 끝은 창대한…… 그 말에 꼭 맞는 결론이었다. 대체 어떻게 그것이 가능한 것일까? D는 알 수 없었다. 그저 밥 로스 아저씨가 하는 말을 천천히 담을 뿐이었다.

> 어둠을 그리려면 빛을 그려야 합니다. 빛을 그리려면 어둠을 그려야 하죠. 어둠과 빛, 빛과 어둠이 그림 속에서 반복됩니다. 빛 안에서 빛을 그리면 아무것도 없지요. 어둠 속에서 어둠을 그려도 아무것도 안 보입니다. 꼭 인생 같지요. 슬플 때가 있어야 즐거울 때도 있다는 것을 알게 됩니다.

밥 로스 아저씨의 말은 그야말로 별것 아닌 진실이었다. 과학적으로 보면 초등학생도 대답할 수 있는 그런 진실. 어둠을 그리려면 빛을 그려야 하고, 빛을 그리려면 어둠을 그려야 한다는, 이건 꼭 배워야만 알 수 있는 것도 아니었다. 그저 태어나면서부터 알게 되는 몇 가지 지식 중 하나였다.

그리고 자라면서 쉽게 잊고 마는 지식 중 하나였다.

3

J와 D는 어렵게 구한 집의 벽을 칠했다. 방마다 다른 색으로 하고 낡은 철문에는 짙은 초록을 칠했다. 밋밋한 벽에는 부족한 수납을 채울 선반을 못질했고, 가구는 모두 직접 조립해 사용하는 것으로 채웠다. 책상은 길게 두 개 두어 나란히 작업을 할 수 있게 했고, 언젠가 함께할 고양이를 위한, 그전에는 식물이 놓일 자리를 위한 공간도 책장 위에 만들었다. 화장실의 낡은 변기와 세면대를 직접 철거한 뒤 새로 설치했다. 벽에는 타일을 붙였다. 그리고 서툰 솜씨가 눈에 띄지 않게 스탠드와 간접조명으로 집을 채웠다. 그러자 놀랍게도 적당한 어둠이 두 사람의 어설픔을 가려주었다. 마카롱만큼의 달콤함은 아니지만 에이스 크래커 정도의 맛은 보장해주는, 두 사람의 과자 집은 그렇게 완성되었다.

아, 한 가지 더. 두 사람의 조리 공간이자 식탁이 될 아일랜드 식탁. 그것을 배송 받아야 했다. 문제는 식탁이 생각보다 무거웠다는 것이고, 집은 엘리베이터 없는 건

물 5층이었다는 것이다. 배송 기사 아저씨는 도와줄 필요 없다며 거뜬히 혼자 식탁을 들고 올라와 정확한 자리에 식탁을 놓아주었다. 그 힘과 기술에 감탄했고, 또 고마웠다. 누군가 우리의 시작에 이렇게 힘을 더해준다는 사실에 조금은 눈물이 날 뻔도 했다. 하지만 두 사람은 그런 마음조차 제대로 표현할 줄 모르는 아직 미약한 신혼부부였다. 그런 J와 D를 보며 아저씨는 말했다.

"다들 되는대로 살지, 더 좋게 살려고 애쓰는 사람도 별로 없어요. 잘하고 있는 거예요."

두 사람은 직감했다. 그 말은 죽을 때까지 잊히지 않을 것이라고. 발버둥 치는 것조차 하찮게 느껴질 때, 그럼에도 발버둥 쳐야 했던 두 사람에게 그 말은 넘칠 정도의 위로이자 인정이었다. 두 사람에게는 그 인정이 필요했다. 아무것도 없는 캔버스에 서툴러도 힘껏 붓질을 하는 것. 그렇게 해서 미약한 시작의 지점에 머무는 게 아닌, '창대'라는 방향점으로 내달리는 것. 그렇게 달리다 보면 언젠가는 밥 로스 아저씨의 캔버스 속 예쁜 그림처럼 근사한 완성을 할 수 있을 것이라는 인정. 그것이 필요했다.

어느덧 어둑해진 밤. 두 사람은 2만 원짜리 스탠드 조명을 켰다. 방은 충분할 만치 환해졌다.

엄마를
기억해

대가 없는 사랑을 너에게 주는 사람이 있었어.

그 사실은 빅뱅만큼이나 대단하지.

가끔 테이블 이쪽에 짧은 바지를 입고 앉아
눈을 들어 어머니를 바라보면, 이 세상은 나의 사랑을 담을 만큼
충분히 크지 못한 것처럼 느껴지곤 하였다.

로맹 가리, 《새벽의 약속》

1

i와 D에게는 공통점이 있다. 둘 모두 J의 어머니를 뵌 적이 없다는 점이다. J는 항상 그것을 아쉬워했다. 그리고 아쉬워할 때마다 눈물을 짓곤 했다. J는 엄마가 술과 문학을 즐기는 분이셨다고, 그러니 D를 만났으면 얼마나 좋아했을까, 책을 볼 때나 술을 마실 때나 자주 그 이야기를 꺼냈다. 그 두 가지는 J가 가장 즐기는 일이었기에 그만큼 자주 J는 그리워하고 슬퍼하고 또 아쉬워했다.

하지만 사실 D는 어머님을 뵌 적이 있었다. 그날은 결혼을 하루 앞둔, 그러니까 4월 24일 새벽녘이었다. 한창 두 사람의 신혼집을 수리하고, 결혼식 준비를 하고, 당시 들어온 일들을 처리하며 바쁘게 지내던 때였다. 결혼식 대본을 직접 쓰기로 했기에 D는 그것에 골몰하다 잠들었다. 그리고 꿈에서 D는 한복을 정갈하게 차려입

은 어머님을 만났다. 무슨 이야기를 나눴는지는 정확히 기억하지 못했다. 단, 어머님이 D의 손을 꼭 잡아주었다는 것은 기억났다. 보통이라면 꿈을 복기하며 어떻게든 어머님이 했을 말을 떠올리려 애썼을 것이다. 하지만 D는 그러지 않았다. 그렇게 하지 않더라도 이미 알고 있었다. 어머님이 무슨 이야기를 했을지. D는 꿈을 돌아보는 시간을 아껴 결혼식 대본도 미뤄두고 어머님께 편지를 썼다.

D는 한 권의 책 위에 그 편지를 잠시 놓았다. 그것은 D가 가장 아끼는 책이었다. 얼마나 많이 읽었는지 거의 모든 페이지에 인덱스가 붙어 있는 책이었다. 로맹 가리의 자전적 소설 《새벽의 약속》. 그 사이에 편지를 넣었다. 이불을 덮어주듯 페이지와 페이지 사이에 편지를 넣어두었다.

2

자전적 소설답게 《새벽의 약속》의 주인공은 로맹 가리다. 어린 로맹 가리는 러시아에서 태어났다. 아버지는 없었다. 유랑극단에서 배우로 활동하던 어머니는 마찬가지로 떠돌이 생활을 하는 어떤 남자를 만났고, 짧게 사랑을 나누었다. 그리고 남자는 다시 길을 나섰다. 그 바람에 로맹 가리는 아버지 없이 자라는 설움을 맛보아야 했고, 어머니는 그곳이 몹시 지긋지긋해졌다. 배우로 성공할 길도 요원하고, 희망이라곤 없는 상황에서 로맹의 어머니는 살기 위해 동경의 대상을 찾았다. 그것은 프랑스였다. 그녀는 그곳에 모든 꿈이 있을 것이라고, 아들을 키울 수 있는 가장 좋은 곳이라 생각했다. 그래서 그녀는 걸었다. 로맹과 함께 멀고 먼 길을 걸었다. 걷는 내내 그녀는 아들에게 프랑스어를 가르쳤고, 프랑스 국가(國歌)를 알려주었다. 성공한 이들에게는 필수인 사교춤도 직접 가르쳤다. 여전히 떠돌이 이방인 신세였음에도 말이다. 그리고 매일 밤, 아들에게 말했다.

"너는 프랑스 대사가 될 거야. 빅토르 위고가 될 거고, 레지옹 도뇌르 훈장을 받을 거야."

어린 로맹 가리는 그 셋이 무엇을 말하는지 몰랐다. 그저 엄마가 말하는 것이니 그렇게 되어야겠다고 생각할 뿐이었다. 그리고 오래 걸어온 끝에 두 사람은 드디어 프랑스 니스에 도착한다. 바다를 본 적이 없는 두 사람 앞에 펼쳐진 푸른 바다만으로도 니스는 꿈과 같은 곳이었다. 프랑스에 대해 품었던 환상은 현실이었다. 그렇기에 프랑스 대사가 되고 빅토르 위고가 되고 레지옹 도뇌르 훈장을 받는 것도 환상에 그치지 않을 것이라 두 사람은 믿게 되었다.

3

J의 어머니는 J에게 무언가를 하라고 말한 적이 없었다. 그리고 J가 무언가를 하고자 했을 때, 그것에 말을 더하지도 않았다. 그래서 J는 환상이 현실이 되는 순간을 로맹 가리보다 훨씬 더 자주 마주했다. 그래서일까. J는 환상적인 순간을 마주할 때면 자주 울었다.

어머니의 부재. 그것을 아쉬워한 순간 중 하나는 D가 첫 책을 냈을 때였다. J는 D가 작가가 되기 전부터 작가가 되리라 믿었다. 그 믿음의 근원이 어디서 나왔는지는 알 수 없었다. 그런 믿음 때문이었을까? J와 결혼 후 D는 환상적인 일을 자주 겪었다. 라디오 PD가 아닌 라디오 작가로 데뷔하며 그 오랜 꿈을 현실로 만들기도 했고, 더 많은 방송을 PD로, 작가로, 패널로 참여해 만들어냈다. 그 모든 일이 D에게는 꿈만 같은 일이었는데, 놀라지 않는 건 J뿐이었다. 그녀는 D가 그렇게 되리라는 것을 이미 알고 있는 듯 보였다.

D에게 닥친 환상적인 일 중에는 책을 계약하게 된 순

간도 있었다. D는 라디오 방송에서 했던 이야기를 브런치라는 플랫폼에 연재했다. 마침 그곳에서 출간 프로젝트를 하고 있었고, 이것저것 찔러보는 것을 좋아하는 D는 응모 버튼을 눌렀다. 그리고 무슨 운이 도와준 것인지 D는 금상을 받았다. 상금은 100만 원이었고, 결혼 후 처음으로 생긴 상금에 고무된 두 사람은 집 근처 꼬치구이 집으로 갔다. D는 꼬치구이를 좋아했었는데 이유는 하루키 때문이었다. 하루키가 어느 산문에서 꼬치구이에 관한 예찬을 펼친 후로 D는 꼬치구이의 매력에 푹 빠져 있었다. 꼬치구이 집에 간 두 사람은 하루키며 수상 이야기며 온갖 즐거운 것들만 이야기했다. 그러는 와중에 메일이 한 통 도착했다. 발신자는 한 출판사의 편집인이었다.

"수상을 축하드립니다. 예전부터 주목해서 보고 있었는데 혹시 연재하신 작품을 출간할 의향이 있으신가요?"

이게 무슨 일인가 싶었다. J와 D가 좋아하는 출판사에서 출간 의뢰가 온 것이다. D는 뜻하지 않는 행운이 두 번이나 그것도 같은 날에 겹쳐 나온 것이 퍽 꼬치구이 같다고 생각했다. 꼬치구이에 고기가 하나만 꽂혀 있는 경우는 드물었다.

4

 믿음은 의외로 많은 것을 바꾼다. 로맹 가리를 향한 어머니의 믿음이 그랬고, J를 향한 어머니의 믿음이 그랬다. D 역시 마찬가지였다. D의 어머니도 아들을 향한 믿음을 거둔 적이 없었다. 무엇을 하든 강요하는 법이 없었고, 무엇을 하지 않든 힐난하는 경우도 없었다. 무엇이 되는 것은 전적으로 D의 공이었고, 무엇이 되지 않은 것은 모두 당신의 탓이었다. 그래서일까. 성공과 실패. 그 냉혹한 OX게임에서 J와 D는 크게 고민하거나 주저하지 않을 수 있었다. 때로는 그 방대한 자유도가 부담이 된 적도 있지만, 대부분은 긍정적으로 작용했다. 믿음은 그렇게 많은 것을 바꾼다.

 로맹 가리도 그랬다. 그는 어머니가 말한 대로 대사까지는 아니지만 프랑스 영사가 되었고, 빅토르 위고까지는 아니지만 위대한 작가가 되었다. 그리고 레지옹 도뇌르 훈장을 받았다. 그 모든 과정에서 결정적이었던 것은 어머니 니나의 편지였다. 제2차 세계대전 당시, 로맹 가리는 샤를 드골 장군이 이끄는 자유 프랑스군의 공군에 합류했다. 유럽 전역을 비행하며 작전을 수행하던 로맹 가리는 몇 번이고 위기를 넘겼다. 그럴 때마다 그는 삶의 의지가 무너지는 것을 느꼈으며 실제로 사막에 풀썩 주저앉기도 했다. 더는 일어설 수 없을 것 같던 그때 로맹 가리의 품속에 있는 것은 어머니의 편지였다.

어머니는 주기적으로 아들에게 편지를 보냈다. 편지의 내용은 언제나 동일했다. "용감해라." 그리고 "너는 할 수 있단다."

그 두 개의 메시지가 로맹 가리를 일으켰다. 어머니의 믿음으로 지금까지 걸었으니 그것이 사라지지 않는 한 멈춰도 될 이유는 찾을 수 없었다. 그래서 로맹 가리는 다시 일어나 비행기에 올랐고, 자유 프랑스군은 마침내 프랑스의 자유를 되찾아왔다.

개선문. 승리한 자만을 받아들이는 그 문으로 샤를 드골 장군을 필두로 한 자유 프랑스군이 들어왔다. 그중에는 로맹 가리도 있었다. 로맹 가리는 그 자리에서 레지옹 도뇌르 훈장을 받았다. 환상이 또 한 번 현실이 된 순간이었다. 그뿐만 아니었다. 전쟁 중 틈틈이 써낸 소설 《유럽의 교육》으로 그는 작가의 길에 들어설 수 있었다. 이 역시 환상이 현실이 된 순간이었다. 로맹 가리는 그 두 개의 현실을 가지고 어머니를 만나러 간다. 하지만 어머니는 이미 현실의 세계에서 환상의 세계로 떠난 후였다.

로맹 가리는 코카드 묘지로 향했다. 어머니를 마지막

으로 돌보던 의사는 어머니가 많은 편지를 썼다고, 그것을 주기적으로 아들에게 보내달라 부탁했다고 말했다. 로맹 가리는 자신의 자전적 소설《새벽의 약속》에서 니나와의 이별을 이렇게 쓰고 있다. 하지만 실제로 니나는 병상에 누워 아들에게 전하고픈 편지를 공책에 매일 한 편씩 썼고, 그것이 전장의 아들에게 가닿는 일은 없었다고 한다. 그럼에도 로맹 가리는 앞선 이야기를 자신의 진실처럼 쓰고 또 말했다. 말하자면 어머니의 믿음으로 아들이 완성되었듯, 아들의 믿음은 어머니의 삶을 더 극적으로 만든 셈이었다. 이는 믿음의 힘이 작동한다는 사실을 보여준다.

5

"내가 할 거야."

i가 무거운 컵을 들고 스스로 물을 떠 마시겠다고 나선다. D는 그것이 몹시 불안하다. J도 마찬가지. 하지만 믿어보기로 한다. i는 손 씻을 때 사용하는 발 받침대를 화장실에서 가져오더니 그 위에 올라선다. 야무진 표정으로 그리고 이미 어깨너머로 배웠다는 듯 정수기 버튼을 누른다. 컵의 위치는 아슬아슬하게 정확하다. 컵으로

물이 떨어진다. 그리고 멈춘다.

"이것 좀 봐봐!"

i가 뒤돌아 소리친다.

믿음은 의외로 많은 것을 바꾼다. J와 D가 어머니를 통해 배웠던 그 짧은 진실을 i에게 이어주었다.

아빠를
기억해

언제나 질 줄 모르던 아버지도

결국에는 진단다.

가는 봄이여
새는 울고 물고기
눈에 맺힌 물

마쓰오 바쇼

1

"아버지가 죽었다."

정지아 작가의 소설 《아버지의 해방일지》는 이 문장으로 시작한다. 제목에서 '해방'이라는 단어를 본 뒤 처음 마주하는 문장이 저것이다. 그렇다면 죽음은 곧 해방을 말하는 것일까? D는 그런 질문을 품은 채 아버지의 고향, 고흥으로 내려갔다.

D의 아버지는 몇 년 전 은퇴가 가까웠을 무렵 고향인 전라남도 고흥으로 내려갔다. 서울에서 거의 400킬로미터 정도 가야 하는 남쪽 지방이다. 평소 운전을 좋아하지 않는 D에게 그 거리는 감당하기 어려운 것이었지만, 운전을 좋아하던 아버지에게는 엎어지면 코 닿을 거리였다.

그 거리를 홀로 차를 운전해 내려가는 길은 짧지도 멀

지도 않았다. 연락을 받은 것은 그날 오전이었다. 아버지의 상태가 좋지 않다는 연락이었다. i는 어린이집에 가고 J는 출근을 한 뒤여서 홀로 집에 남아 그 연락을 받았다. D는 짐을 챙겼다. 어쩐지 그래야 할 것 같았다. 언제나 낙천적으로 생각하던 D였고, D는 언제나 아버지가 쓰러지지 않을 거라고 믿었다. 아버지 투병 내내 D는 그런 낙천적인 마음으로 응원했다. 하지만 그날은 어쩐지 응원이 먹혀들지 않을 것만 같았다. 그래서 짐을 쌌다. 며칠간 머물기 위해 필요한 옷가지와 못 다한 일을 처리할 노트북. 그리고 문을 나서기 전, 구두 한 켤레를 챙겨 차에 올랐다.

내려가는 동안 라디오도 음악도 듣지 않았다. 다만 복기했을 뿐이다. 서울에서 고흥 가는 그 길을 복기했을 뿐이다. 아버지가 큰 수술을 받았을 때, 그래서 이제 힘든 일은 다 끝났다 생각했을 때, D는 퇴원한 아버지를 모시고 고흥으로 내려갔다. 내려가는 길 내내 아버지는 반은 불편해했고 반은 통쾌해했다. 왜 아니겠는가. 갑갑한 것을 싫어하는 성격에 그 좁은 병실에서 머물러야 했던 긴 시간을 벗어났는데. 아버지는 조수석 의자를 뒤로 젖히고 누웠다. 아직 완전히 회복되지 않았기에 쉽게 잠이 들지는 못했다. 그럼에도 그 길은 괜찮았다. D도 그때만큼은 고흥이 그리 멀리 느껴지지 않았다.

아버지는 그 길을 수없이 반복했다. 암 판정을 받기 전부터 이런저런 지병으로 서울 병원을 오가야 했고, 암 투병이 시작된 후에는 3개월에 한 번씩은 병원을 찾아야 했다. 삶의 끝에 가까워졌을 때도 마찬가지였다. 아니, 더 이를 악물고 서울로 올라오셨다. 남이 운전하는 차도 잘 못 타고, 기차나 버스를 타본 일도 많지 않았던 아버지였기에 아픈 와중에도 운전은 직접 했다. 왜 그랬을까. 왜 그렇게 애를 써가며 서울까지 올라온 걸까. 또 왜 그렇게 고향으로 돌아가려 애를 쓴 것일까. 그 질문의 답은 아버지의 장례식장에서 들었다.

2

《아버지의 해방일지》는 아버지의 장례식을 현재 시점으로 삼아 아버지의 과거를 돌아보는 형식으로 진행된다. 전라도가 배경이어서 D가 겪은 아버지의 장례식 모습과 유사했다. 조언이랍시고 전해 듣는 친척들의 대사도 신기할 정도로 같았고 장례식 음식 또한 그랬다. 전라도 장례식에는 홍어 요리가 필수라고 한다. 장례를 처음 치러봤기에 그때야 알았다. 심지어 홍어 요리가 없으면 흉을 본다는 이야기까지 들었다. D는 장례식에 온 사람들이 추도 외에 다른 것을 생각한다는 것이 다소 의아했지만, 홍어 요리는 떨어지지 않게 주문했다(실제로 홍어는 그 어떤 음식보다 빨리 동이 났고, 추가 주문을 서둘러야 했다). 홍어에 소주를 마시며 이야기를 나누는 친척과 지인들. D는 그중 절반 이상을 아주 어린 시절 이후 처음 만났다. 상주로서 손님을 맞아야 하는 자리에 앉아 있자 원하든 원치 않든 많은 이야기가 들렸다. 대부분은 아버지의 다정함을 칭찬했고, 또 대부분은 아버지의 나이를 되뇌며 한숨을 내쉬었다. 그만큼 너무 이른 나이였다. 더러는 아버지가 투병하던 시기의 이야기를 나누기도 했는데, 정확히 누군지 모르는 어떤 친척은 아버지가 이렇게 말했다고 했다.

"살고 싶어서 서울에 간다."

그 말에 D는 고흥으로 내려오는 동안 풀리지 않았던 의문의 답을 알 수 있었다. 그랬구나. 아버지는 살고 싶어서 서울에 왔구나. 그렇게 생각하니 어쩐지 그 거리조차 얄궂게 느껴졌다. 그렇다면 고향에 내려간 이유는 무엇이었을까? 치료를 받기 위해서라면 어떻게든 서울에 머무는 것이 좋았을 텐데. 살고 싶은 게 우선이었다면 어떻게든 병원 근처를 찾아야 했을 것 같은데. 아버지는 왜 그러지 않았을까? 그 질문의 답은 아마도 같을 것이다.

"살고 싶어서."

3

 장례식을 마친 뒤에도 D의 머릿속에는 "살고 싶다"고 말하는 아버지의 음성이 떠나질 않았다. 19세기 이탈리아 시인 자코모 레오파르디는 "제일로 악한 것은 늙는 것"이라고, 그런데도 우리는 "죽음을 두려워하고 늙은 채로 있기를 바란다"고 말했다. 왜 아니겠는가. 그러니 왜 살고 싶지 않았겠는가. 자코모 레오파르디도 모르고 더군다나 그가 남긴 말은 알 리 없는 아버지 역시 그와 같은 마음이었을 것이다. 하지만 언젠가 패배하는 것이 우리의 운명이란 것은 보닛에 먼지 쌓인 아버지의 자동차만큼이나 서글픈 일이었다.

 D는 데이비드 실즈의 에세이 《우리는 언제가 죽는다》를 좋아했다. 몇 번이고 다시 읽을 만큼. 책에는 데이비드 실즈와 그의 아버지의 이야기 그리고 인간의 생로병사가 담겨 있었다. 데이비드의 아버지는 덩치도 크고 언제나 에너지가 넘치는 사람이었다고 한다. 그래서 저자는 아버지가 패배하는 모습 따위는 상상해보지 못했다 말한다. D도 그랬다. 아버지는 종종 무기력한 모습을 보이긴 했지만 패배하는 모습은 보이지 않았다. 그래서 더 아버지의 죽음이 낯설게 느껴진 것일지도 모른

다. 데이비드 실즈는 그 낯섦을 설명하기 위해 온갖 의학적 진실을 가져온다. 인간은 어떻게 늙고 어떻게 쇠락해가며 또 어떻게 죽어가는지. 그것을 피할 수 없는 이유는 무엇이며 평생을 승리하며 살아온 이라 하더라도 마지막은 1패로 기록되어야 하는지를 말한다. 그런데 이상한 일이었다. 아버지가 기록한 1패의 순간. 그 순간만큼은 닳도록 읽은 그 책의 어떤 근거도 떠오르지 않았다. 패배를 용인할 수 있는 근거, 그것이 생각나지 않았다. 그 대신 떠오른 것은 세 줄의 시가 전부였다.

가는 봄이여
새는 울고 물고기
눈에는 눈물

하이쿠는 세상에서 가장 짧은 시로 알려진다. D는 그것이 좋았다. 감당할 만큼의 길이, 감당할 만큼의 호흡과 리듬의 시였다. 아버지가 저 시를 알았더라면 어땠을까. D는 생각했다. 봄은 결국 가버리는 것이고, 혼자서 흘렸을 눈물. 그래서 외롭고 그래서 억울했을 눈물. 그 눈물이 결코 혼자만의 것이 아니었다는 사실을 알았으면 어땠을까. 조금은 덜 아팠을까?

4

 D는 장례를 마친 뒤 홀로 집으로 올라왔다. 조금 먼저 올라간 i와 J가 있는 집을 향해 내비게이션을 설정했다. 올라가는 내내 음악은 듣지 않았다. 그 대신 저 문장을 반복해 생각했다. 마치 그것이 추도사라도 되는 것인 양. 아버지에게 그것이 위로가 되었을까? D는 그렇진 않을 것이라 생각했다. 패배한 이에게는 어떤 위로도 먹히지 않는 법이니까. 그럼에도 D가 할 수 있는 유일한 추도의 방법이었기에 D는 반복하고 반복하고 또 반복했다. 그러는 사이 익숙한 이름의 휴게소가 나왔고, D는 그곳을 그냥 지나쳤다. 아직은 쉬고 싶지 않았다. D는 액셀러레이터를 조금 세게 밟았다. 그러자 아버지와 내려갈 때의 기억이 다시 떠올랐다. 평생 운전을 즐기던 아버지. 그래서 가속 페달을 밟던 아버지. 그런 아버지가 D가 운전하는 차의 조수석에 누워 이렇게 말했다.

"천천히 가자."

D가 답했다.

"그럴게요."

미련
혹은
후회

1초가 아깝고

또 귀해서.

모든 순간이 소중하다.

<더 베어>

1

"좀 어때?"

D가 아버지를 여의고 가장 많이 들었던 질문.

"괜찮아요."

그에 관한 대답.

그렇게 반복해 질문을 듣고 답하던 D에게 한 친구가 물었다.

"진짜 괜찮은 거지?"

("아니.")

D는 고개를 끄덕였다.

2

D는 자라는 동안 딱히 잔병치레도 하지 않고, 깁스 한 번 하지 않아 병원에 간 경험도 거의 기억나지 않을

정도였다. 가족들도 역시 건강한 편이었고 D의 나이에 아직 죽음은 너무 먼 이야기였다. 하지만 아버지의 부고는 D를 순식간에 죽음의 세계로 끌어 당겼다. D는 한 손에 유골함을, 다른 한 손에 i의 손을 잡은 채 험한 산길을 걸었다. 그 길에서 D는 처음으로 죽음이 두려워졌다. 자신이 죽으면 i가 이 험한 길을 걷게 될 것이라 생각하니 죽음은 귀신처럼 무서워졌다.

D는 i와 비슷한 나이일 때 이 길을 걸었던 기억이 있다. 길은 그때도 험했다. 할머니가 돌아가셨을 때였다. D는 그것이 할머니의 장례식인지도 몰랐다. 죽음이 무엇인지 인식하지 못하던 나이였다. 그래서 아무것도 모른 채 그 길을 걸었다. 옆에 아버지가 있었는지도 기억나지 않았다.

아마도 i는 긴 시간이 흐른 뒤 D와 비슷한 경험을 할 것이다. 자신이 어릴 때 걸었던 그 길이 어디였는지, 왜 그 험한 길을 올랐는지, 사람들은 왜 그리 울었는지 알게 될 것이다. D는 그저 그 시간이 조금이나마 늦어지길 바랄 뿐이었다. 그것을 위해 더 많이 운동하고 더 잘 먹고 더 잘 자야 했다. 그런데 그럼에도 불구하고 너무 일찍 죽어버리면 어쩌지? 불안은 항상 꼬리를 물고 찾아왔다.

3

i는 위치가 좋지 않았다. 아니, 자세가 좋지 않았다.

D는 i의 생일이면 그날, 분당여성제일병원의 한 간호사를 생각했다. J는 오래 진통했다. 처음에는 자연 분만 할 수 있을 것으로 생각했지만 i의 위치인지 자세인지가 따라주지 않았다.

진통의 시간이 길어지자 두 사람은 결정해야 했다. 그리고 제왕절개를 선택했다. 선택이라는 말도 맞지 않는 것이 선택지가 단 하나뿐이었다. J가 혼자 수술실 안으로 들어갔다. 남겨진 D는 울었다. 수술에 대해 안내를 해주려고 남은 간호사는 그런 D를 보고 "어떡해……"라고 조용히 말했다. D는 눈물을 채 닦지도 못한 채로 몇 가지 질문을 했다. 수술은 얼마나 걸리는지, 위험한 일은 없을지. 간호사는 친절히 답해주었다.

수술은 곧 끝났다. 대기실에 있던 D는 i를 안고 나오는 간호사를 맞이했다. 간호사는 아기 이름을 지어주었는지, 있다면 처음으로 불러달라고 말했다.

'아, J는 아직 마취 중이라 i의 이름을 처음으로 부르지 못했겠구나.' 그렇게 생각하며 D는 또 한 번 울었다. 그리고 호흡을 가다듬은 후, i를 불렀다. 기왕이면 근사한 목소리로 불러주고 싶었지만 실패였다. 간호사는 축하한다는 말과 함께 i의 손가락과 발가락 개수를 세어주었다. D는 고개를 열 번 끄덕였다.

4

드라마 〈더 베어〉는 실력은 일류지만 삶의 과정에서 수많은 고통을 받고 트라우마를 겪는 요리사 카미와 그가 만들어가는 레스토랑의 이야기를 담고 있다. 욕설이 난무하고 전쟁터 같은 주방과 업계의 상황이 적나라하게 그려져서 현직 요리사들도 보기 힘들 정도로 지독하게 현실적이라는 평가를 받는다. 카미의 레스토랑 주방 가장 높은 곳에는 이런 문구가 쓰여 있다.

EVERY SECOND COUNTS

모든 순간이 소중하다. 그래서 1초가 아깝다. 카미는 요리 준비와 완성, 서빙에 이르기까지 매 순간을 초 단위로 계산한다. 그리고 그것에서 조금이라도 틀어지면 욕을 쏟아낸다. 그건 레스토랑 일의 숨겨진 면을 보여주는 것과 동시에 주인공 카미의 조급함을 말하기도 한다.

D는 이상하게 저 문장을 보면 분당여성제일병원의 그 간호사가 떠올랐다. 그는 어땠을까? D가 갑자기 울음을 터뜨렸을 때, 얼른 수술실로 들어가 자신의 일을 해야 할 급박한 순간에 그는 왜 자신의 1초를 희생한 채 D를 보며 "어떡해……"라 중얼거렸을까. D는 알 수 없었다. 기억나는 것이라고는 여전히 그 한마디 공감의 말이 그렇게나 간절했다는 것이었다.

생각해보면 i는 그런 타인의 희생으로 자라고 있다. 1초가 아까운 세상을 살고 있으면서도 i가 엘리베이터 버튼을 장난치듯 잘못 누를 때 웃으며 넘어가준 이들. 백화점의 문을 잡아준 이들. 식당에서 자리를 양보해주고, 공항에서 앞길을 열어준 이들. 그러지 않아도 괜찮았을 테지만 i를 보며 인사를 건네고, 미소를 지어주고, 하이파이브를 청하고, i의 뜬금없는 인사를 정중히 받아주던 이들. i를 돌보아야 하는 문제로 일에 차질이 빚어질 때도 너그러이 이해해준 J와 D의 직장 동료들. 만약 세상에 남은 시간이 1초뿐이라 하더라도 기꺼이 그 시간을 i의 안부를 묻는 데 쓸 것만 같은 양가의 할머니와 할아버지들, 이모와 삼촌, 사촌 형들. 그들의 1초가 없었다면 i가 기록한 웃음의 총량은 현저히 떨어졌을 것이다.

J와 D는, 이제 그런 빚은 그만 져야 하지 않을까 생각

하고는 했다. 하지만 그 생각은 이내 조금만 더 빛을 내는 것으로 결론 나고는 했다. 그 이유는 아마도 두 사람이 좋아하는 드라마 〈모던 패밀리〉에 나오는 이 대사 때문일 것이다.

아이를 키우는 건 달에 로켓을 쏘아 올리는 것과 같죠. 처음 몇 년은 끊임없이 교신하지만 십대가 되면 아이는 달의 어두운 뒷면으로 가버려 보이지 않아요. 그때 우리가 할 수 있는 일은, 언젠가 다시 돌아온다는 희미한 신호를 기다리는 것뿐이에요.

두 사람은 생각했다. i와 함께한 지난 시간들. 거의 한 순간도 빼놓지 않고 i와 함께하며 몸과 말과 마음을 나누던, 심지어 i가 잠든 순간에도 그 얼굴을 보며 볼에 입술을 대고 심장을 주고받던 시간들. 때로는 너무 지쳐 거리와 시간이 필요하다가도 금세 다시 서로를 찾고야 마는 시간들. 그 시간이 이제 얼마 남지 않았음을 생각했다.
진정 그 순간이 온다면 어떨까? 두 사람은 위성 발사 성공을 지켜보던 NASA의 사무직 직원들처럼 얼싸안고 기뻐할지 모른다. 하지만 이내 깨달을 것이다. 〈모던 패밀리〉 속 부모들처럼 두 사람의 우주가 조금은 조용해지고 조금은 시시해지겠구나, 깨달을 것이다.

    1초는 아까운 시간이었다. 그래서 두 사람은 조금 더 빚을 지기로 한다. 철면을 얼굴에 쓴 것처럼 아쉬운 말을 할 것이고, 끝없는 양해를 구할 것이다. 그것에 얼굴이 화끈해지는 일이 있다고 하더라도 일단은 그러기로 결심한다.

    정말이지 1초가 아깝다.

이인삼각

우리는 한 팀이야.

그냥 맡겨.

그러면 내 속도에 맞춰서 해.
편해질 수밖에 없을 거야.

바스티앙 비베스, 《염소의 맛》

1

뭐든 스스로 하는 것에 익숙한 사람이 있다. 이것은 좋게 말해서 그런 것이고, 나쁘게 말하면 팀플레이를 지독히 못하는 사람이 있다는 말이다. J는 그런 사람이 아니었다. 물론 팀플레이를 죽어도 하기 싫어했지만 막상 시작되면 사람들을 이끌고 재빨리 플레이를 마치는 쪽에 가까웠다.

D 역시 그랬다. 작가가 되고 싶었던 이유도, 할 수 있는 것 중 혼자 할 수 있는 일이 그것뿐이었기 때문이었다. 그런데 어쩐 일인지 D는 작가에 앞서 팟캐스트 PD가 되었다. 게다가 생각지도 못하게 팀의 리더가 되었고 어디 숨을 데가 없는지 매일 두리번거리는 신세가 되었다. 다행히 팀에 합류한 친구들은 모두 D보다 괜찮은 이들이어서 D가 아주 애쓰지 않아도 프로젝트는 잘 돌아갔다.

D는 타고난 리더가 아니었다. 집에서는 막내였고, 'ㅊ'으로 시작하는 성이었기에 학교에서도 항상 뒷 번호였다. 먼저 손을 드는 적극성이나 선생님의 눈에 띌 만한 능력이 있는 것도 아니어서 리더가 되어본 경험 자체가 없었다(물론 군대 병장 때의 경험이 있긴 하지만 군대 이야기는 모두가 싫어하기에 굳이 말하지 않겠다).

그렇지만 D는 역할이 주어지면 어떻게든 해내야 한다는 옅은 수준의 강박은 있었다. 그래서 어쨌든 리더가 되었으니 리더십이라는 걸 어디서라도 구해 와야 한다고 생각했다. 그리하여 찾은 D의 리더십 이름은 '최후의 보루'였다.

최후의 보루. D는 리더의 역할 중 가장 필요한 것이 그것이라 보았다. 팀에 크든 작든 문제가 생겼을 때, 그것으로 인해 프로젝트가 멈추지 않게 하는 것. 그것이 D가 생각하는 리더의 역할이었다. 그것을 위해 D는 팟캐스트를 만드는 데 필요한 모든 일을 배우기 시작했다. 대본을 쓰는 것은 당연했고, 방송 편집과 업로드를 비롯한 관리, 그리고 정 안 되면 출연도 할 수 있도록 콘텐츠를 미리 쌓아두었다. 그렇게 하여 어느 자리에 문제가 생기더라도 즉시 투입하여 방송이 완성되는 데 문제가 없도록

했다. 그것은 사실 리더의 일이라기보다는 실무자의 일에 가까웠지만 D는 리더의 역할은 지속시키는 것이라 믿었기에 '최후의 보루'가 되려 애를 썼다.

D가 그렇게 구멍이 나지 않도록 준비했음에도 문제는 곳곳에서 발생했다. 그럴 때 필요한 것은, 최후의 보루까지 뚫렸을 때 해야 할 일은 무엇일까? D가 알기로는 두 가지였다. 하나는 기도, 다른 하나는 도움을 청하는 것. 하지만 도움을 청한다는 것은 쉬운 일이 아니다. 미안한 감정 때문이기도 하지만 전적으로 믿음의 영역에 가깝기 때문이다. 나에게 필요한 무언가를 그가 제대로 해줄 수 있을까? 혹시나 괜히 더 일이 생겨 문제가 되는 것은 아닐까? 이런 의심이 드는 순간 도움을 청하는 손은 뒷짐을 지게 된다("거기 후추 좀 줄래?" 정도의 부탁도 상대가 날 골탕 먹이지 않으리란 믿음이 있어야 가능한 것이다).

i는 다른 아이들에 비해 도움을 자주 청하지 않았다. 어디에 부딪혀 눈물이 날 정도로 아플 때도 혼자 삼키곤 했다. 그런 i의 모습을 보며 D는 '얘가 날 못 믿나?' 싶은 생각이 들 때도 있었다. 만약 그렇다면 그건 너무 슬픈 일이 아닌가? D는 그런 생각을 하며 "밴드 붙여줄까?" 조심스레 물었다. i는 "오케이"라 답하며 발을 내밀었다. '아직 그 정도로 신뢰를 잃은 건 아니구나.' D는 혼자 그

런 생각을 하며 기쁜 마음으로 반창고를 붙여주었다.

반면, i는 J에게만은 그러지 않았다. 필요한 것이 있거나 아플 때는 J에게 제일 먼저 달려갔고, 등이 간지럽다는 말도 J에게는 편하게 했다. 그건 아마도 i에게 J는 믿음직한 팀원이었기 때문이리라. D는 생각했다. 왜 아니겠는가. i와 J에게는 누구도 범접하지 못할 열 달의 시간이 있었고, 그 시간 동안 두 사람은 버디무비의 주인공들처럼 늘 붙어 있었으니 말이다.

그런 이유로 D는 두 사람이 부러울 때도 있었다.

2

D는 팟캐스트를 만들면서 뜻이 맞는 사람들과 함께하는 것이 혼자 하는 것만큼 즐겁다는 것을 알게 되었다. 그때부터는 혼자 하는 작업이 어쩐지 버겁게 느껴졌고, 방송이 아닌 개인 프로젝트로 글을 쓰는 것은 어쩐지 속도가 더뎠다. 운이 좋게 출간 계약을 했을 때도 그랬나. D는 계약만 되면 순식간에 원고를 쓸 수 있을 것이라 생각했다. 첫 책을 내는 이들의 흔한 착각 중 하나였다. D는 책을 쓰는 내내 브레이크를 밟았다. 앞을 가로막는 차가 있거나 신호등에 빨간불이 들어와서는 아니었다. 그저 '이

길이 맞나?' 하는 생각이 주기적으로 들었다. 한 문장을 쓰고도, 한 단락을 쓰고도, 심지어 한 챕터를 다 쓴 뒤에도 그런 기분이 들어 몇 번이고 다시 앞으로 돌아가 글을 읽어보았다. 그런 되새김질의 과정 때문에 집필은 더욱 느려졌다. 그리고 계약 기간을 훌쩍 넘긴 뒤에도 원고는 완성되지 못했다. 이대로라면 1년이 지나도 탈고는커녕 초고도 완성하지 못하는 것은 아닐까? D는 책상 앞에 앉아 그저 의미 없는 박자만 세고 있었다.

그 지난한 과정을 끝내준 것은 J였다. J는 D의 표정을 잘 읽었다. 언제나 뚱한 표정의 D였지만 J는 뚱한 정도를 세분화해서 파악할 줄 알았다. 그날도 그랬다. D는 또 한 번 글을 되새김질하느라 뚱한 표정을 짓고 있었다. J는 아무렇지 않게 D의 곁을 지나며 이렇게 말했다.

"괜찮겠지. 지금까지 괜찮았으니까."

D는 J의 그 말에 기대고 싶어졌다. 《염소의 맛》에서 소년과 소녀가 서로에게 그랬던 것처럼.

3

바스티앙 비베스의 그래픽 노블 《염소의 맛》에는 척추 치료를 받는 소년이 나온다. 소년은 재활치료사의 권

유에 따라 오랜만에 수영장으로 향한다. 내성적인 성격의 소년은 익숙하지 않은 수영장이 몹시 낯설다. 수영을 아예 못하는 것은 아니었지만 그리 좋아하는 편은 아니었고, 실내에 웅웅 울리는 소리라든지 코를 쏘는 염소 냄새 같은 것들이 소년은 어쩐지 거북하게 느껴진다. 하지만 치료를 위해서는 어쩔 수 없다는 생각으로 천천히 물살을 가르며 홀로 레인을 오간다. 소년은 그 시간이 몹시도 괴롭게 느껴졌는데 지금 자신이 제대로 하는 것인지도 모르겠고, 이대로 왔다 갔다만 하면 충분할지에 대해서도 확신이 없었다. 숨은 이만큼만 쉬어도 되는지, 팔은 제대로 돌아가고 있는지 하나부터 열까지 확신할 수 있는 것이 없었다. 그래서 수영을 할 때도, 그저 둥둥 떠 있을 때도 소년은 지쳐간다.

그러던 어느 날, 소년은 다른 레인에서 수영을 하는 소녀를 본다. 소녀는 소년과 달리 거침이 없다. 자신에 대해 100퍼센트 확신을 한다는 듯, 숨을 쉬는 것도 팔을 돌리는 것도 발을 차는 것도 막힘없이 해낸다. 소년에게는 소녀의 그 모습이 너무나 완벽해 보인다. 말이라도 붙여보면 좋으련만, 소년에게 그런 넉살은 없다. 하지만 다행히 소녀에게는 그 넉살이 있었다. 우연히 대화를 시작한 두 사람은 점차 친해진다. 알고 보니 소녀는 수영 선

수 출신이었다. 그런 소녀에게 소년은 수영에 관해 이것 저것 물어본다. 자신이 확신하지 못했던 것들의 답을 소녀로부터 찾으려 한다. 소녀는 알려준다. 팔을 돌리고 발을 차고 숨을 멈추고 또 쉬는 법을. 소년은 신이 난다. 수영 실력이 좋아져서가 아니라 함께 수영할 수 있는 누군가를 만난 기쁨이었다. 이번에는 소녀의 차례였다. 소녀는 편하게 수영하는 것이 좋았다. 얼마나 오랫동안 잠영을 하는지, 몇 바퀴를 몇 초에 돌았는지 같은 것은 신경 쓰고 싶지 않았다. 하지만 지난 시간의 관성 때문인지 "편한" 속도를 잊은 소녀는 별 수 없다는 표정을 지을 뿐이다. 그런 소녀에게 소년이 말한다.

그러면 내 속도에 맞춰서 해. 편해질 수밖에 없을 거야.

소녀는 소년의 그 말에 기대고 싶어졌다. D가 J에게 그랬던 것처럼. 소녀는 소년을 따라 팔을 돌리고 발을 찬다. 레인의 끝을 향한다. 아무런 불안도, 아무런 의심도 없이. 두 사람은 함께 앞으로 나아간다. 근사한 스포츠 팀이나 오케스트라가 그렇듯이.

4

온 마음을 다해 믿을 수 있는 누군가가 있다는 것. 그와 서로 다리를 묶어 달린다 해도 절대 넘어지지 않을 것 같은 믿음이 있다는 것. 설령 넘어진다 해도 서로 바지의 흙을 털어주며 일어날 수 있다는 것. 혹은 품에 안겨 아프다 칭얼대며 마음껏 울 수 있다는 것. 그것은 별것 아닌 것 같지만 도움이 된다.

언제가 J와 D는 이런 이야기를 나눈 적이 있었다.

"i는 몇 살에 독립하게 될까?"

J의 질문.

"독립하면 지원은?"

D의 추가 질문.

"지원은 무슨. 우리가 어떻게 될지도 모르는데."

J의 현답.

"너무 기대는 것도 싫지만, 아예 안 기대면 그건 또 싫을 것 같아."

"왜?"

"그만큼 믿음을 못 준 것처럼 느껴질까 봐."

J의 걱정.

"물 한 잔도 떠다달라는 앤데 그럴 리가."

D의 낙천.

"나중에 i가 더 크면 말해줘야겠다. 우리는 같은 팀이라고. 그러니까 필요할 땐 기대라고. 그래도 된다고."

J의 다짐.

"그럼 팀 복을 맞출까? 리버풀 이번 유니폼이 꽤 괜찮던데?"

D의 실없는 소리.

"아니."

J의 흔들리지 않는 의지.

"그러고 보면 함께라서 너무 다행이야. 혼자였으면 못 했을 게 너무 많아. 생각하니 벌써 아쉽다."

진심이었다. J와 D, 그리고 i. 세 사람은 팀으로서 작동했고, 팀이어서 작동했다.

뭘
그렇게까지

그럴 필요가 없을 만큼

타인을 위해 움직여봐.

그는 선물을 받지 못한 단 한 명의 아이를 위하여
눈 덮인 깜깜한 들과 산을 군말 없이 걷기 시작한다.

김상혁, 《선물 하나가 놓이기까지》

1

 이스탄불의 밤은 낮만큼이나 분주하다. 광장에 가면 수많은 인파가 모여 앉아 차이를 마시고, 아야 소피아와 블루 모스크는 근사한 야경을 만들어낸다. 보스포루스 해협의 다리에는 낚시꾼들이 서서 낚싯대를 드리우고 있다. 시간이 부족한 관광객들에게는 낮밤이 따로 없다. J와 D도 그랬다. 이제 곧 집으로 돌아간다는 생각에 한 달여의 여행 동안 쌓인 피로도 모른 척하며 이스탄불의 밤거리를 돌아다녔다. 이미 유명한 관광지는 다 가본 상태라 그 밤의 산책은 특별한 목적지가 없었다. 운이 좋다면 '작은 아야 소피아'라 불리는 곳을 구경하고 싶은 마음이었다. 그렇게 한참 걷고, 현지인처럼 광장에 앉아 차이를 마시고, 또 걷고, 사지도 않을 기념품 가게를 들르고 또 나오며 두 사람은 그 밤의 시간을 보냈다. 그런데 이상한 것이, 이쯤 되면 나올 것 같은 '작은 아야 소피아'

가 도무지 보이지 않았다는 것이다. 사실 J와 D는 지독한 길치여서 지도 앱 없이 그곳을 찾을 수 있으리란 기대는 없었다. 재미있는 것은 두 사람은 서로가 길치인 것을 알면서도 지도 앱을 준비할 생각조차 하지 않았다는 것이다. 두 사람 모두 이렇게 생각했다.

'작은 아야 소피아니까 큰 아야 소피아 옆에 있겠지.'

얼핏 들으면 그럴싸했지만 세상일은 그렇게 허술하지 않았다. 나중에 알고 보니 아야 소피아와 작은 아야 소피아는 1킬로미터 정도 떨어져 있었다. 그것도 모른 채 두 사람은 아야 소피아 근처를 배회하며 작은 아야 소피아를 찾았던 것이다. 어느덧 시간은 여덟 시를 넘어가고 있었다. 다리가 슬슬 아파올 무렵 J는 주위를 둘러보고 두 사람과 동년배로 보이는 젊은 여성에게 다가가 물었다.

"작은 아야 소피아에 가려면 어떻게 해야 하나요?"

그 여성(두 사람은 왜인지 그녀를 '새댁'이라 부르기 시작했다)은 작은 아야 소피아가 어딘지 아는 눈치였다. 하지만 길을 설명할 만큼 영어를 잘하지는 못해서인지 몇 번이나 설명을 하려다 멈추고 답답함을 감추는 미소를 지었다. 그러다 잠시 생각을 하더니 무언가 크게 결심한 듯 손으로 자신을 가리켰다. 그리고 따라오라고 손짓했다.

두 사람은 낯선 이의 호의를 스스럼없이 받아들이는 편이었다. 이번에도 그랬다. 문제는 짐이었다. 새댁은 무거운 생수통을 들고 있었다. D는 얼른 새댁에게 손짓하며 생수통을 들어주겠다고 말했다. 새댁 역시 낯선 이의 호의를 잘 받아들이는 편이었는지 밝게 웃으며 생수통을 건넸다. 그렇게 홀가분해진 몸으로 새댁은 거침없이 걸어갔다. 가는 동안 새댁은 중간중간 두 사람이 잘 따라오는지 확인할 뿐 아무런 말도 건네지 않았다. "어디서 왔어요?" 같은 흔한 질문도 하지 않았다. 처음 새댁에게 길을 물어봤을 때, 또 새댁이 자신을 따라오라고 했을 때, 두 사람은 작은 아야 소피아가 아주 가까이에 있는 줄 알았다. 그런데 한참을 가도 그곳은 나오지 않았다. 그도 그럴 것이 아야 소피아 근처에서 길을 물었으니 모르긴 몰라도 몇 백 미터는 가야 하는 거리였다. 가도 가도 장소가 나오지 않자 새댁도 잠시 당황한 눈치였지만 금방 길을 찾아 다시 걸었다.

그렇게 J와 D는 작은 아야 소피아에 도착했다. 새댁은 마지막까지 손짓으로 여기가 그곳이라 말해주었고, 두 사람은 진심으로 감사를 표했다. 새댁은 D가 들고 있던 생수통을 받아들고 왔던 길 그대로 돌아갔다. 아마도 새댁은 일면식 없는 두 사람 때문에 먼 길을 돌아가야 했을 것이다. 그래서 저녁에 잡아둔 스케줄이 엉망이 되었을지도 모른다. 적어도 두 사람을 안내한 거리만큼 새댁의 팔은 무거울 것이다. 그럼에도 그녀는 두 사람에게 과도한 친절을 베풀어주었다. 그런 고마운 마음이 더해져서인지 작은 아야 소피아는 큰 아야 소피아 못지않게 감동적이었다.

2

두 사람의 튀르키예 여행은 꽤 길었다. 그래서 남들이 가는 곳도 가보고 남들은 잘 가지 않는 곳도 갈 수 있었다. 리제도 그 중 하나였다. 리제는 튀르키예 사람들의 필수품이라 말할 수 있는 차이로 유명한 도시다. 생산량도 많지만 리제에서 나는 차이가 최고 품질로 평가받는다고 한다. 튀르키예 사람들에게는 너무나 중요한 곳인 셈이다. 하지만 여행객들에게도 그런가 하면 꼭 그렇지는 않다. 바쁜 여행 일정 중, 그것도 볼 것 많은 튀르키예 여행 중이라면 차이를 아무리 좋아해도 일부러 그곳을 찾는 건 아무래도 낭비가 심한 일이다. 같은 시간이면 즐길 만한 다른 것이 너무나 많았다. 리제는 그냥 지나쳐도 아쉬울 것 없는 소도시다.

그럼에도 J와 D는 리제로 향했다. 두 사람이 차 애호가여서였을까? 그건 아니다. 두 사람에게 차는 그저 기호식품에 지나지 않았다. 되도록 현지의 생활을 즐기기 위해 여행 내내 차이를 마신 것은 사실이지만 말이다. 그렇다면 두 사람이 리제로 향한 이유는 무엇이었을까? 그건 두 사람도 여전히 잘 대답하지 못한다. 가장 타당한 이유 중 하나는 묵던 숙소 바로 앞에 리제행 버스가 있었다는 것 정도가 아닐까 싶은데 그것도 정확하지는 아니다. 이렇게 이 질문의 답을 찾다가 두 사람은 지친 듯 이런 말을 내뱉곤 했다.

"못 갈 이유도 없잖아?"

질문에 질문으로 답을 하는 방식으로 두 사람은 답을 찾았다. 그 말 그대로였다. "뭘 그렇게까지……"의 함정에 빠지면 할 수 있는 게 없다. 뭘 그렇게까지 볼 게 있다고 그 먼 곳을 큰돈 써가며 여행을 가? 뭘 그렇게까지 재미있는 게 있다고 심야버스까지 타며 국경을 넘고 유난이야? 이런 질문들처럼 말이다. 그 질문에 속 시원한 답을 내리는 것은 쉽지 않다. 여행의 이유라는 것이 대부분 사소하고 쓸모없을 때가 많으니까 말이다. 그렇다고 '쓸모없음'이라고 답안지에 적어낼 수도 없는 일이었다. 그렇다면 어떻게 해야 할까? 질문을 건너뛰는 수밖에 없다.

관광지가 아닌 탓에 리제는 이방인들에게 그리 친절한 편이 아니었다. 볼 만한 관광지를 강조해서 적어두지도 않았고, 길과 도로를 비롯한 도시의 모든 것이 그곳에 사는 이들을 위해서만 마련된 것으로 보였다. 그래서 두 사람은 차 밭을 찾아 한참 헤매다 관광 안내소로 보이는 (왜 그렇게 보였는지는 알 수 없다) 곳에 들어섰다. 어딘지 모르게 엄숙한 분위기였고 여러 방으로 나뉘어 있는 구조였다. 관광 안내소라면 당연히 있어야 할 친절한 직원과 관광 안내 지도 같은 것이 하나도 없었다. 있는 것이라곤 차이를 마시며 한가로이 시간을 보내고 있는 듯한 몇몇 나이든 남자들뿐이었다.

그들 중 한 명은 우리를 보더니 넉넉한 미소를 지으며, "대체 누구시기에 이곳에 오셨는지? 일단 됐고, 차이나 한잔 합시다"라고 말하는 표정으로 직원을 시켜 차 두 잔을 내오게 했다. J와 D는 영문도 모른 채 아저씨 맞은편 소파에 앉았다. 금세 차이가 나왔고 아저씨는 두 사람에게 차를 권했다. 두 사람은 어쩌지 하는 순진한 표정을 지으며 차를 마셨다. 그리고 원래 목적이었던 차 밭을 물어보자 아저씨는 문제없다는 표정으로 양복 재킷을 걸쳐 입고는 두 사람에게 따라오라는 제스처를 보냈다.

"제대로 알아들은 거 맞겠지?"

"글쎄. 그래도 자신감 넘쳐 보이니까 맞겠지."

두 사람의 불안한 표정을 보았는지 아저씨는 가슴을 두 번 치며 "타맘!"이라 소리쳤다. 무슨 뜻인지는 몰랐지만 안심이 되는 목소리였다.

두 사람은 아저씨의 뒤를 졸졸 쫓아갔다. 그런데 그곳은 차 밭이 아닌, 케밥을 파는 패스트푸드 가게였다. 아저씨는 적당한 테이블에 두 사람을 앉히고는 혼자 계산대에 가서 분주히 무언가 주문을 했다.

"우리가 그렇게 배고프거나 가여워 보였나?"

"꼬르륵 소리가 나긴 했는데, 들릴 정도는 아니었잖아?"

두 사람은 영문 모를 상황에 속닥속닥 이야기를 주고받았다. 그러는 사이 아저씨가 케밥 두 세트를 가지고 걸어와 J와 D 앞에 하나씩 놔두며 어서 먹으라고 손짓했다. 그러고는 가게 밖 의자에 앉아 담배를 꺼내 물었다. 앞에 놓인 음식을 보며 두 사람은 일단 먹자고 합의를 보았다. 뜻하지 않은 상황이 오더라도 케밥 두 개 정도 살 돈은 있었으니까.

케밥은 맛있었다. 튀르키예 어디를 가도 케밥은 맛있었지만 한참 길을 헤매고 먹는 거라 특히 맛있었다. 문제는 그렇게 천하태평 맛있게 케밥을 먹고 있어도 괜찮나

하는 것이었다. 두 사람은 먹는 내내 힐끔거리며 창문 너머의 아저씨를 바라봤다. 그냥 갔어도 이상할 것은 없었지만 아저씨는 계속 그 자리에 앉아 있었다. 그는 동네의 유명 인사라도 되는지 오가는 사람들과 자주 인사하고 자주 이야기를 나눴으며 자주 웃었다. 그리고 예의 그 행동을 했다. 가슴을 두 번 치며 "타맘!"이라 외쳤다.

그런 아저씨의 모습을 보며 두 사람은 케밥 세트를 깨끗이 먹었다. 그리고 일어나서 카운터 쪽으로 가려는데 아저씨가 들어왔다. 아저씨는 걱정하지 말라는 손짓을 하고는 두 사람을 가게 밖으로 안내했다. 아저씨는 정말 처음 보는 두 사람에게 식사를 대접한 것이었다.

"우리가 정말 배고파서 밥 좀 사달라고 하는 줄 알았나 봐?"

"버스 정류장을 물어본 게 어떻게 그쪽으로 될 수 있지? 내 발음이 그렇게 안 좋았어?"

두 사람의 재잘거리는 소리가 재밌었는지 아저씨는 걷는 내내 웃었다. 그러고는 어느 순간 멈춰서서 손을 뻗었다. 그 손을 따라 시선을 옮기니 그곳에 버스 정류장이 있었다. 아저씨는 두 사람이 무엇을 묻는지 정확히 알고 있었던 것이다. 하지만 가난해 보이는 관광객을 그냥 보낼 수 없어 식사를 대접한 것이다. 대체 왜 그렇게까지?

이 질문을 던지기도 전에 아저씨는 가슴을 두 번 치며 "타맘!"이라고 말하더니 왔던 길을 돌아갔다. 그저 그렇게 넉넉한 품과 걸음걸이로 왔던 길을 되돌아갔다. 두 사람은 아저씨의 안내에 따라 차이 밭으로 가는 버스를 탈 수 있었다.

3

　그는 선물을 받지 못한 단 한 명의 아이를 위하여
　눈 덮인 깜깜한 들과 산을 군말 없이 걷기 시작한다.

　김상혁 시인의 에세이 《선물 하나가 놓이기까지》에서 이 문장을 마주했을 때, 두 사람은 튀르키예의 두 사람을 떠올렸다. 무거운 생수통을 들고 왔던 길을 돌아갔던 새댁과 가벼워진 지갑으로 왔던 길을 돌아갔던 아저씨를 떠올렸다. 그 두 사람은 선물을 받지 못한 단 한 명의 아이를 위해서 들과 산을 다시 걷기 시작한 산타클로스였다. 왜 그렇게까지 했을까? 그냥 미안하다며, 내년에 선물을 하나 더 주겠다고 해도 그만이었을 텐데, 대체 왜 다시 그 두꺼운 옷을 다시 챙겨 입은 걸까. 그 질문의 답을 두 사람은 이 이야기에서 찾았다.

이야기의 시작은 어느 비 온 뒤의 날이었다. 그네 타기를 좋아하는 i는 비가 그치길, 그래서 마음껏 그네를 탈 수 있길 바라며 창문 밖을 내다보았다. 몇 시간쯤 뒤 i의 소망이 이루어진 것인지 비가 그쳤고, i는 D에게 소리친다.

"비가 그쳤어. 이제 그네 탈 수 있어."

D는 두꺼운 수건 한 장을 들고 i와 놀이터로 향했다. 비가 그쳤다는 소식이 아직 다 전해지지 않았는지 놀이터에는 i 혼자뿐이었다. 평소에 i는 두 개의 그네 중 꼭 왼쪽 그네를 탔다. 그래서 D는 왼쪽 그네의 물기를 닦고는 i에게 이제 됐다고 소리쳤다. 그네로 달려온 i는 D의 손에 들린 수건을 달라고 했다.

"왜? 그네 안 타?"

D의 말에 대답도 없이 i는 오른쪽 그네에 묻은 물기를 닦기 시작했다. D는 i가 오늘은 오른쪽 그네를 타고 싶었구나 생각했다. i는 물기를 다 닦고는 늘 타던 왼쪽 그네에 앉았다. 그리고 힘껏 밀어달라 소리쳤다. D는 의아한 표정을 지으며 그네를 밀었다.

"i야. 오른쪽 그네도 탈 거야?"

"안 탈 거야."

"그럼 왜 닦았어?"

"친구가 타."

D는 그때까지도 이해하지 못했다. 그리고 계속 그네를 밀어주었다.

얼마 뒤, 비가 그친 소식이 비로소 전달됐는지 아이들이 하나둘 놀이터로 나왔다. i가 타는 그네 옆, 오른쪽 그네에도 한 아이가 다가왔다. 아이는 그네를 슥 손으로 만져보더니 물기가 없는 것을 확인하고 그네에 앉았다.

"아는 친구야?"

D가 물었다.

"더 높이 밀어줘."

i가 답한다.

D는 그네를 밀며 생각한다.

'……군말 없기는.'

애 써

뛰어요.

내일이면

날 잡을 수도 없어요

말의 일

우리는 무던히 말을 지켜봤습니다.
대체 녀석들은 어떻게 뛰는 것일까?
어떤 이는 앞발과 뒷발이 교차해 땅에 닿는다 말했고,
어떤 이는 앞발과 뒷발이 동시에 땅을 박찬다 말했습니다.

그러거나 말거나
말은,
그저 뛸 뿐이었습니다.
당신, 혹은 나의 시간처럼.
후진 기어 없는 옛 자동차처럼.

그래서일까요. 말발굽과 초침은 서로 비슷한 소리를 냅니다.
말이 뒤로 걷는 법을 찾지 못했듯,
뉴턴과 호킹 같은 천재들도 시간을 돌릴 길을 찾지 못해
우리는 말처럼
그저 앞으로 앞으로 갈 뿐입니다.

때로는 그것에 지쳐,
때로는 그것에 후회가 남아,
뒤를 돌아보고 싶은 마음 간절하지만.
(누군들 아니겠어요)

천재가 아닌 나는

그 방법을 찾지 못해 그저 직선을 둘러 원 두 개를 그려봅니다.

한 바퀴는 말이, 또 다른 한 바퀴는 우리가 탄 채로.

일 분을, 한 달을,

또 일 년을 돌아봅니다.

그러자 무한의 시간은 감당해낼 만한 것이,

무거운 기억은 간직할 만한 것이 되었습니다.

오늘부터 우리는 또 한 바퀴 회전의 목마를 탈 겁니다.

둥근 찻잔 속의 말처럼.

그리고 다음 해 오늘, 우리는 무언가가 되어 있겠죠.

그 시작의 걸음에 메리 올리버의 말을 덧대봅니다.

"우리가 무언가 되어야 한다면 함께인 게 좋겠지.

그렇게 우리는 함께 어둠을 건너지."

시간을
선택해

그것이

너를 숨 쉬게 할 거야.

시간을 선택한 삶은 나를 천천히 바꾸어 놓았다.
오랫동안 '나의 문제'로 여긴 것들이
시간의 너른 바다에 녹아 사라져갔다.

김신지, 《시간이 있었으면 좋겠다》

1

'100일의 기적' 혹은 '기적의 100일'이라 불리는 날이 있다. 이날은 해방의 날이며 지구상 모든 카니발을 합쳐도 부족할 흥분의 날이다. 그렇다면 이날, 사람들은 무엇을 하는가.

잔다.

말 그대로 잔다.

100일. 아이에 따라 편차는 있겠지만 태어난 지 대개 100일이 되면 아이들은 '통잠'이라는 것을 자기 시작한다. 통잠이란 무엇인가. 이 달콤한 단어에는 어느 정도의 고찰이 필요하다. 일단 통잠의 반대말을 생각해보자. 쪽잠이다. 어른들이 학업이나 업무 중 잠깐 짬을 내어 눈을 붙이는 것. 아이들도 쪽잠을 잔다. 내부 기관이 아직 다 자라지 못한 신생아들의 경우 필요한 만큼의 음식을 한

번에 먹을 수가 없다. 그래서 최대한 나눠 먹어야 하는데, 그 주기가 신생아 때는 두세 시간에 한 번이다. 신생아들의 일이란 게 보통 그렇듯 그들은 먹고 잔다. 그리고 중간중간 배변한다. 그래서 먹는 시간을 제외하곤 거의 잠에 빠져드는데, 문제는 자주 배가 고프다는 것이다. 배가 고프면 어떻게 하는가? 아주 간단하다. 눈을 뜨고 크게 울음을 터뜨리면 된다. 두세 시간 단위로. 그렇게 울기 시작하면 부모는 직접 수유를 하든 미리 유축해둔 모유를 주든 분유를 타든 빠르게 배를 채워준다. 그리고 트림을 시켜준 뒤 아기 띠를 메고 한참 흔들흔들 자장가를 불러준다. 운이 좋다면 아이는 스르르 잠이 든다. 그래서 눕힐라치면 다시 깬다. 또 안는다. 다시 서성인다.

태어나서 100일까지 부모와 아이의 일이라는 건 줄곧 저런 식이다. 두세 시간 단위로 깨고 먹고 재우고 먹고 재우고……. 이미 통잠에 익숙한 어른인 부모에게 세 시간마다 깨어나 밥을 주는 것은 그 자체로 괴로운 일이다. 그 시간을 100일 견디면 기적이 찾아온다. 통잠을 자는 아이의 얼굴만큼 사랑스러운 것은 없다. 그 긴 잠 사이에 '꿈 수유'라는 것을 하기도 하는데 아이를 깨우지 않고 젖을 먹이는 수유 방법이다. 그러면 아이는 배고픔을 잊고 아주 길고 편안한 잠에 빠져든다. 그리고 그 모습을 보며 부모들은 함께 잠에 빠진다. 물론 젖병 설거지와 소독을 마친 후여야겠지만.

잠을 자면 인간은 삶의 의욕을 얻게 된다. 다른 무엇도 아니다. 잠이 최고다. J와 D도 '100일의 기적'을 통해 얻은 시간을 잠에 쏟았다. 그 어떤 행복도 잠에 비할 수는 없을 것이라고 두 사람은 생각했다. i도 그런 것 같았다. 덜 짜증내고 더 깊이 자고 더 많이 웃었다. 행복하다는 증거는 그렇게 간단한 것들이었다. 그렇다면 지금의 시기를 지난 후에도 행복하려면 어떻게 해야 할까. J와 D는 아주 오래 생각했다.

2

행복은 순간적 감각이 아니다. 찰나의 즐거움을 행복이라 부르지 않는다. 그것은 주로 쾌감이라고 부르는데 행복과는 거리가 먼 단어다. 행복은 조금 덜 짜릿하지만 조금 더 오래가는 그런 감정, 말하자면 '통잠' 같은 시간을 뜻한다. 긴 시간의 행복. 그것을 챙기기 위해서는 일일계획표를 떠올려보면 좋을 것이다. 어린 시절 방학이 되면 처음으로 해야 하는 숙제가 바로 일일계획표 짜기다. 둥그런 시계 모양에 꿈나라를 커다랗게 그리고, 세 번의 식사와 두 번의 간식, 잘게 쪼개진 숙제와 공부 시간 그리고 놀이 시간을 더하면 시계는 어느새 꽉 찬다. D는 가능하면 숙제나 공부 시간을 작게 잡았다, 그건 행복한 시간이 아니었기 때문이다. 되도록이면 하루 중 가장 오랜 시간 동안 행복하고 싶었다. 그걸 몰라주는 선생님은 야속할 뿐이었고.

어른이 된 두 사람은 대부분 행복한 시간이었던 어린 시절의 일일계획표를 머릿속에 그려보며 현재의 일일계획표와 비교해본다. i를 키우고, 집안일을 하며, 돈도 벌어야 하는 두 사람. 그래서인지 두 사람의 일일계획표는 어렸을 때와 달리 매우 혼잡하다. 실수로 자른 피자 조각처럼 작게 나뉜 칸칸은 대부분 피하고 싶은 일들이다.

"이거 지나치게 불행한걸?"
D가 말했다.
"그러니까. 어른의 삶이란……."
"어른이어서 그런 걸까?"
맞다. 어른이어서 그렇다. 어린 시절은 어린 시절대로 불행한 시간표가 많았겠지만 어른의 경우는 차원이 다르다. 게다가 '일'의 파이 조각이 너무나 큰 편이었는데, 문제는 이 조각을 줄일 수가 없다는 것이다. 왜냐하면 그

파이는 생계와 직결되기 때문이다.

"i도 똑같겠지?"

두 사람은 가만히 누워 머리 위 모빌을 바라보며 웃는 i를 보고 생각했다. i도 언젠가는 자랄 것이다. 제일 큰 파이 조각에는 '모빌 보기'가 아닌, '학교 숙제'나 '학원 가기'가 쓰여 있을 것이며, 더 크면 '일'이라는 딱딱한 제목이 적힐 것이다. 한때 행복을 보장했던 파이 조각은 그렇게 불행의 조각으로 변해 있을 것이다.

"안 그럴 수는 없을까?"

방법은 있다.

"좋아하는 걸 일로 하면 좀 괜찮지 않을까?"

D가 말한다.

"자기는 행복해?"

J의 물음에 D는 생각한다.

"꼭 그렇지는 않지."

"그렇다니까. 좋아하는 게 일이 되면 좋아하는 걸 하나 잃어버리는 거라고 하잖아."

맞는 말이다. 일과 취미는 다르며 애호가와 프로페셔널의 세계는 엄연히 구분되어 있다. 흔히들 업무나 일에서 자아라든지 즐거움이라든지 심지어 행복 같은 것을 찾지 말라고 한다. 일이 주는 돈으로 즐거운 무언가를 사라고. 취미든 물건이든 시간이든. 일은 그 수단으로 남겨두면 충분하다고. 두 사람은 그 말을 인정했다. 하지만 왠지 분한 기분이 들었다. 어쩐지 지는 기분이랄까. 그런 생각을 할 무렵, 두 사람은 영화 〈패터슨〉을 보았다.

3

짐 자무쉬 감독의 영화 〈패터슨〉의 주인공 패터슨은 패터슨이라는 이름의 작은 도시에 산다. 패터슨의 직업은 패터슨 시의 버스 운전사다. 그는 매일 버스 운전을 하며 하루의 대부분 시간을 보내고, 남은 시간은 가벼운 여가를 즐기거나 지인을 만나거나 여자 친구와 보낸다. 그의 '일일계획표' 중 가장 큰 파이는 '버스 운전'이다. 패터슨은 버스 운전을 하는 동안 그 어떤 즐거움도 찾지 않는다. 보람이라든지 하는 감정을 구태여 뒤적이지 않는다. 그는 그저 묵묵히 일을 할 뿐이다. 승객을 태우고 또 내려준다. 말하자면 그는 버스 운전 내내 행복하지 않다.

그런데 패터슨은 그 파이 조각에 작은 구멍을 낸다. 그가 구멍을 내는 도구는 주로 펜과 노트였다. 패터슨은 일을 하다 쉬는 시간이나 점심시간이 되면 펜과 노트를 들고 버스를 벗어난다. 그리고 시를 쓴다. 길지 않은 시간임에도 그는 시를 쓴다. 딱히 출판을 위한 것도 아닌 듯 보이며 시인으로서 성공하기 위해 고군분투한다는 느낌도 아니다. 그는 그저 시를 쓰는 것이 행복하기에 시를 쓰는 것이다. 불행이라는 파이 조각 위에 맛있는 토핑을 얹듯이.

'패터슨의 시간표 중 버스 운전은 불행의 조각일까 행복의 조각일까?'

표면적인 답을 찾는다면 '불행'이라 말해야 할 것이다. 패터슨은 버스 운전에서 즐거움을 찾고 있지 않으니까. 하지만 버스 운전 중 잠깐의 시 쓰기 시간은 행복이다. 패터슨은 그 작은 조각으로 불행을 덮고 있는 셈이다. 그렇다면 질문의 답은 '행복'이다. 패터슨은 하루 중 대부분 행복하다.

4

"i는 어떨까?"

J가 묻는다.

"응?"

D가 되묻는다.

"i도 패터슨 같을까?"

"어떤 점이?"

"i도 패터슨처럼 불행에 집착하지 않고, 행복에 집중할 줄 아는 사람이 될까?"

"알려줘야지."

"어떻게?"

D는 김신지 작가의 《시간이 있었으면 좋겠다》를 펼친다. 책은 내 마음대로 쓸 수 있는 하루를 상상하는 것으로 시작된다. 그 상상은 나이가 들면 퇴화하는 유연성이나 관절 건강처럼 무슨 짓을 해도 되찾을 수 없는 것이다. 물론 1년에 며칠, 견우와 직녀에게 허락된 시간만큼의 기회는 주어진다. 하지만 관성의 법칙은 어찌나 잔인한지. 온전한 하루가 주어져도 관성은 어제와 그제의 시간에 엮여 우리를 끌고 가버리고 만다.

그렇다면 관성에서 벗어나기 위해서는 어떻게 해야 할까. 방법은 간단하다. 우주로 떠나는 것이다. 무중력의 세상. '나'라는 무게가 너무 무거워 턱걸이 하나 하기 힘들었던 지구와 달리 우주의 물리학은 느슨하다. 그래서 마음껏 자유로울 수 있다. 물론 이것은 상상의 영역이며 현실은 다르다. 그렇기에 이 문장을 덧붙여야 할 것이다.

시간을 선택한 삶은 나를 천천히 바꾸어 놓았다. 오랫동안 '나의 문제'로 여긴 것들이 시간의 너른 바다에 녹아 사라져갔다.

그 무엇보다 먼저 시간을 선택하는 것, 그것은 행복의 비법 중 가장 선행되어야 할 조건이었다. 시간만 있다면 큰 문제는 사소해지고 사소한 문제는 사라져버린다. 자연은 진공을 허용하지 않는다는 아리스토텔레스의 말까지 갈 필요도 없다. 그저 어린 시절, 지금보다 시간이 많아 주머니에 다 넣기도 어려웠던 시절, 빼곡한 시간표의 선 하나를 몰래 지워 자유 시간을 늘렸을 때 그 자리를 대신 채우던 웃음과 미소. 그것을 떠올리면 알 수 있다.

패터슨은 하루라는 정해진 일과 중 자신을 위한 시간을 선택할 줄 아는 이였고 그래서 행복할 수 있었다. 그렇다면 i에게 알려줄 것은 간단했다.

시간을 선택해. 하루에 단 1분이라도.

사라진 것들

좋은 건 금세 사라지지.

지킬 새도 없이.

> 좋은 말들은 죄다 지평선 너머로 사라지고,
> 험하고 소란스럽고 야비하고 추악하고 부끄러움을 모르는,
> 결국은 똑같은 말들이 지배하는 이 세상에
> 스무 개라도 온전한 말이 남아 있을까.
>
> 안규철, 《사물의 뒷모습》

1

아기는 깨끗한 것과 더러운 것을 구분하지 못한다. 구분하는 것이라고는 먹을 수 있는지 없는지가 전부다. 그래서 부모는 아기의 곁에서 하루 종일 더러운 것이 닿지 않게 애를 쓴다. 기저귀를 갈아주는 것은 물론이고 이가 없어 흐르는 침이나 위가 작아 뱉어버리는 토사물 같은 것들, 그 모든 것을 치우느라 하루를 꼬박 보내야 한다. 이러한 노력의 보상은 대개 비례해서 돌아온다. 더러운 것을 잘 치워주면 아이들은 조금 덜 울고, 조금 더 웃고, 조금 더 잘 잔다. 그것만 한 보상이 세상에 또 있을까, J와 D는 생각한다. 생각함과 동시에 티슈를 꺼내 i의 입과 엉덩이를 닦는다. 그러면 i는 방긋 웃어준다. "이제 좀 호흡이 맞네"라는 표정으로 웃는다.

그 시절. 그러니까 아이가 정말 아이인 시절, 그때는

더러운 것을 치우는 것이 세상에서 제일 힘든 일처럼 느껴진다. 살균해야 하는 것은 왜 이리 많고, 알레르기 방지 제품은 왜 또 그렇게 많은지. 대체 아이가 없을 때 우리는 어떻게 매일 감기에 시달리지 않고 살 수 있었는지 이해가 안 될 정도다.

그러다 아이가 스스로 더러운 것을 인식할 무렵, 그래서 스스로 손을 닦기 시작할 때면 언제 그랬냐는 듯 더러운 것을 치우는 어려움을 까맣게 잊는다. 그것은 아마도 우리 뇌의 보호 작용이라 볼 수 있을 텐데, 이제 더러운 것을 치우는 것 외에도 스트레스 받을 일이 더 많아질 테니 서둘러 기어를 바꾸라는 의미였다. 그것도 모르고 J와 D는 잠시나마 행복해했다. 심지어 "애 키우기, 할 만하지 않아?"라고 오만을 부리는 밤도 있었다.

그 밤은 정말이지 행복했다. 집 밖으로 나서 한가한 공원으로 유아차를 끌고 나간 날. 예상보다 일찍 유아차에서 i가 잠든 날. D는 편의점에 달려가 병맥주 두 개를 사 오고, J는 i의 곁에서 손을 저어 벌레를 쫓던 날. 편의점 주인이 빌려준 병따개와 호의로 어려움 없이 병맥주를 맞부딪힐 수 있었던 날. 이제 막 수유를 끝냈고, 이제 막 맥주를 마셔도 괜찮아졌던 날.

그 밤은 정말이지 행복했다. 주변에는 온통 좋은 것밖

에 없었다. 차 없는 거리, 정돈된 공원, 울창한 정도까지는 아니지만 여기가 지구임을 알려주기에 충분한 녹음, 꽃, 바람. 그 모든 것이 그곳에 있었다. 게다가 i는 세상모르고 잠들어 있고. 어느새 맥주병은 바닥을 드러냈다.

"언제 다 마셨지?"

J가 당황한 듯 묻는다.

"그러게? 진짜 어이없다."

D가 맞장구를 친다.

"좋은 건 금방 사라진다니까."

D의 말에 J는 고개를 끄덕이며 잠든 i의 모습을 사진 찍는다.

"이런 날도 곧 끝나겠지?"

D는 고개를 끄덕인다.

2

i가 태어난 후, 세 사람은 국내 여행을 자주 다녔다. i와 함께 긴 비행을 하는 것이 무리이기도 했고, 코로나의 긴 터널도 영향을 주었다. 기왕 밖으로 나가지 못할 거라면 국내를 더 열심히 돌아다니자는 생각에 부산, 여수, 강릉, 속초, 태안, 부여, 원주, 동해…… 다양한 곳을 찾았

다. 그러던 중 어느 마을에서 차를 세웠다. 애초에 그곳이 목적지는 아니었다. 차로 가던 중 예상과 달리 i가 일찍 깨버려 밥을 먹이고 가기 위해 급히 검색한 곳이었다. 그곳에 도착했을 때 두 사람은 마을 풍경이 퍽 마음에 들었다. 소란스럽지 않고 포근한 가게가 점점이 늘어서 있었다. 작은 초등학교에는 '폐교'라는 소개가 붙어 있지 않았다. 가까운 식당에서 간단히 밥을 먹고 잠시 산책하듯 동네를 걸었다. 애초에 오려고 했던 목적지는 아니었지만 왠지 여유를 부리고 싶었다.

길을 걸으며 D가 말했다.

"난 나라가 많은 게 좋더라."

뜬금없는 소리에 J가 영문 모를 표정을 짓는다.

"유럽에 가면 막 작은 나라들이 다닥다닥 붙어 있잖아. 나라마다 특징도 분명하고 문화도 다양하고. 그런 게 재밌어."

그 말에는 생략된 많은 부분이 많았다. 하지만 J는 맥락을 잘 짚어내는 능력이 있었고, D의 뜬금없는 말에 적응된 것은 이미 5년이 넘었다.

"하긴, 그것도 그렇네."

세 사람은 차에 올라 목적지를 향했다.

"《1984》에서 말이야."

D가 다시 말을 시작했다.

"거기서는 나라가 고작 세 개뿐이잖아. 얼마나 삭막해? 재미도 없고."

"그래? 그래도 뭐 괜찮지 않을까?"

J의 말에 D가 조건을 더한다.

"생각해봐. 해외여행을 가려고 스카이스캐너를 켰는데, 갈 수 있는 나라가 고작 두 곳뿐인 거야. 예를 들면 일본이랑 중국만 있는 거지. 프랑스고 뉴질랜드고 미국이고 브라질이고 아무데도 없어. 못 가, 못 가."

J는 심각해졌다.

"그건 좀 생각해볼 문제네."

"그거뿐이야? 조지 오웰은 《1984》에서 신어(新語)를 만들었단 말이지. 말이 신어지, 있던 단어를 최대한 줄여서 만든 조잡한 언어라고."

"그건 좋은 거 아냐? 배우기도 쉽고. 생각해보니 외국어 두 개만 더 알면 세계 어딜 가든 통하는 거잖아? 생각보다 괜찮을 수도 있겠는데?"

D가 답답해했다.

"그건 그런데 신어에서는 좋다는 표현도 그냥 'good'으로만 해야 된다니까?"

"그럼 엄청나게 좋을 때는?"

"Plus good."

"엄청나게 미치도록 좋을 때는?"

"Double plus good."

"에이, 그건 좀 심했다."

D는 그제야 설득이 되어 기쁘다는 듯 손바닥을 마주쳤다.

"그렇다니까. 이쁜 걸 봐도 좋은 걸 봐도 그냥 good이야. excellent도 없고, beautiful도 없어. 그냥 뭉뚱그려서 '좋아'가 끝."

평소와 달리 열변을 토하는 D를 보며 J가 묻는다.

"왜 그렇게 만든 거래?"

"왜긴. 나라든 언어든 사람이든 다양해지면 관리가 어렵잖아."

그뿐이 아니었다. 조지 오웰의 소설 《1984》에서는 모든 것이 획일화되어 있다. 스타일이나 개성 같은 것은 이미 사라진 지 오래였고 모두가 같은 모습으로 같은 곳을 보고 같은 것을 말했다. 그러다 보니 당연히 시시했다.

이곳저곳으로 국내 여행을 다니던 두 사람은 이런 말을 자주 했다.

"여기 전에 왔던 곳인가?"

두 사람이 이런 질문을 주고받을 때 바깥의 풍경은 항

상 같았다. 잘 정비된 가지런한 도로와 양 옆으로 뻗은 가로수. 그 길 사이사이 빼곡히 놓인 신호등과 녹색 신호를 받고 달리면 보이는 똑같은 통창 건물들. 건물을 뒤덮은 학원이며 병원이며 몇몇 프랜차이즈 식당의 간판들. 그 모습은 일산이며 분당 같은 초창기 신도시에서 쉽게 볼 수 있는 것이었고, 이제는 도시라는 이름이 붙은 모든 동네에서 볼 수 있는 모습이었다.

"진짜 다 똑같다. 그치?"

"그러니까. 내비게이션 주소 아니면 여기가 어딘지도 모를 거야."

"시시하지?"

"시시하네."

3

두 사람은 시시한 그 모습이 싫었다. 시시한 곳에 살고 있지만 시시한 모습을 보러 일부러 여행을 떠난 것은 아니었다. 안규철 작가는 《사물의 뒷모습》에서 이런 문장을 남겼다.

좋은 말들은 죄다 지평선 너머로 사라지고, 험하고

소란스럽고 야비하고 추악하고 부끄러움을 모르는, 결국은 똑같은 말들이 지배하는 이 세상에 스무 개라도 온전한 말이 남아 있을까.

두 사람은 지나치는 신도시들의 풍경을 보며 이 문장을 떠올렸다. 좋았던 것들, 개성 넘치던 것들은 어느새 사라지고, 같은 것을 복사해 붙여놓은 곳만 가득했다. 아마 그런 장소는 i가 다 자랄 무렵에는 훨씬 더 많아질 것이다. 좋은 것들은 금세 사라지고 마는 게 세상의 법칙이라면 법칙이었으니까. 어떡해야 할까? 어떻게 하면 i가 조금은 덜 시시한 세상을 살아갈 수 있을까? 돈이 많아 해외 곳곳을 여행시켜줄 수도 없고, 우리만의 특별한 집을 지어줄 수도 없는데. 그렇다면 어떻게 해야 할까? 두 사람은 고민했다.

"더 많이 보여주면 되지 않을까."

여행 목적지에 닿을 때쯤 두 사람이 내린 결론은 그것이었다.

"이렇게 좋은 것들이, 이렇게 다양한 것들이 스무 개 넘게 세상에 있다는 걸 보여주면 되지 않을까?"

J의 말대로였다. 할 수 있는 것이 차를 몰고 주차장을 벗어날 수 있는 게 전부라면 거기서 멈추지 않고 조금

더 달려보는 것이다. 조금 더 멀리, 조금 더 멀리, 그렇게 가고 또 가다 보면 오늘 스친 작은 마을처럼 여전히 살아남은 특별하게 좋은 것을 i에게 보여줄 수 있지 않을까? 두 사람은 생각했다.

"엄마, 여기 어디야?"

"여기? 바다지!"

눈 부비며 일어난 i의 앞에 바다가 있었다. D는 워셔액을 뿌려 창문을 닦았다.

별것
아닌 것
같지만
도움이
되는

창문을 닫아도 불행을 막을 수 없을 때는

이렇게 해봐.

이유는 없어. 그냥 오는 거야. 불행도 마찬가지더라고.
이유 없이 그냥 오는 거야. 행운도 마찬가지이고.

최갑수, 《음식은 맛있고 인생은 깊어갑니다》

1

D는 어떤 뇌과학 책에서 인간의 망각에 대한 부분을 읽었다. 평소 건망증이 심하고, 특히 고유명사를 자주 까먹는 D는 항상 자신의 뇌에 어떤 문제가 있는 게 아닐까 걱정했다(앞서 '어떤 뇌과학 책'이라 말한 것도 제목과 저자를 까먹었기 때문이다). 물론 D는 대체로 낙천적이기에 걱정을 심하게 하는 편은 아니었다.

책에서 그가 본 내용은 대략 이런 것이었다. 뇌는 우리를 보호해주기 위해 나쁜 기억은 자연스레 잊어버린다는 것. 이 얼마나 놀라운 일인가. D는 환호했다. 지독한 건망증이 실은 자신을 보호해주기 위한 뇌의 보살핌이었다니 기쁘지 않을 수 없었다. 사실 D는 어릴 때부터 이런 말을 많이 들었다.

"넌 쓸데없는 것까지 기억하더라?"

이 말은 반은 맞고 반은 틀렸는데, 더 정확한 문장이

되기 위해서는 이렇게 수정해야 한다.

"넌 쓸데없는 것만 기억하더라?"

이게 정확하다. D는 정말이지 쓸데없는 것만 기억했다. 예를 들어 어제 저녁에 뭘 먹었는지는 기억하지 못하면서 여섯 살 무렵의 여름, 별다를 것 없는 어느 날의 저녁 메뉴는 기억하는 식이었다. 앞선 본 책의 말에 비춰보면 D에게 최근의 일들은 D를 힘들게 하는 기억이라고 지극히 자의적으로 해석해볼 수 있다. 물론 어제 저녁 식사가 아무리 별로였던들 그것이 D의 몸을 상하게 할 만큼 스트레스를 주는 기억은 아닐 것이다. 하지만 일부 수긍 가는 부분도 있다. 그건 어른이 되어서 D가 알게 된 사실이다.

어른이 된다는 것, 그것은 기억을 쌓는 일이다. 우리 몸은 일곱 살까지 필요한 모든 기관이 제 기능을 할 정도로 성장한다. 그리고 성장기에 몸이 커지고, 사춘기에는 이차성징을 겪는다. 그 모든 것을 겪은 후 우리 몸은 소멸한다. 물론 아주 조금씩 또 천천히 말이다. 그렇기에 우리 자신에게 '쌓인다'는 말을 붙일 수 있는 것은 피로와 기억이 전부다. 그런 의미에서 본다면 우리가 어른이 되었음을 증명할 수 있는 가장 근사한 것 역시 기억이다 (어떻게 생각해도 주름보다는 이쪽이 낫다). 문제는 어른이 될수록, 어른에 가까운 기억일수록 좋지 않을 확률이 높다는 것이다. 몇몇은 아니겠지만 대부분 어른의 삶이라는 것이 드라마 〈나의 아저씨〉에서처럼 고달프니까 말이다. 그래서 나이를 먹을수록 어제의 기억보다는 훨씬 먼 과거의 기억, 유년 혹은 청춘이라 불리는 시절의 기억을 잘 보이는 곳에 걸어두려 애쓴다. 그렇게 추억이 좋은 자리를 차지하다 보니 어제 들여온 기억의 액자는 놓을 곳이 없다. 그래서 곧잘 잊어버리곤 한다.

D는 이런 생각을 하며 곁을 보았다. 그곳에는 i가 잠들어 있었다. D는 그 모습을 스마트폰 카메라로 담는다. 별다른 보정이 없어도 충분히 예쁘다 생각한다. 그리고 J에게 사진을 전송한다. 몹시 생색을 내면서 말이다. 그러고는 다시 i를 바라본다. i는 지금 성장 중이다. 심장, 간, 폐, 뇌……. 모든 기관이 성장 중이다. 그렇게 i는 여러 해 동안 무럭무럭 성장했다. 그리고 청년이 되고 또 어른이 될 것이다. 그러면 어른이 된 i는 지금의 D처럼 어제 일을 잘 잊고, 과거의 기억을 자주 끄집어낼 것이다. 힘겨운 어제의 기억에 잠식당하지 않기 위해. 하지만 D는 안다. 아무리 잊으려 해도 잊히지 않는 좋지 않은 경험, 좋지 않은 기억, 좋지 않은 순간들이 있다는 것을.

그런 일은 예고 없이 찾아와 대비가 불가하며 이미 정해지기라도 한 것처럼 발버둥 쳐도 피할 수가 없다는 것을 말이다(맞다. D는 운명론자다). 그렇다면 어떻게 해야 할까? 그 힘겨운 기억은 어떻게 처리해야 할까? D는 레이먼드 카버의 책을 꺼낸다.

시와 단편으로 작가 활동을 했던 레이먼드 카버. 그의 〈별것 아닌 것 같지만, 도움이 되는〉이라는 작품에는 불의의 사고로 그 아이를 잃은 부부가 등장한다. 부부는 아이의 생일 파티를 위해 근처 빵집에 케이크를 주문해놓은 상태다. 문제는 생일이 되기 전, 아이가 세상을 떠나버렸다는 것이다. 그런 상실의 기억을 안고 두 사람은 집으로 돌아온다. 당연히 아이가 없는 집이다. 그 집에 전화벨이 울린다. 신경질적으로. 여자가 전화를 받는다. 알고 보니 케이크를 주문한 빵집 주인이었다. 그는 몹시 화난 듯한 말투로 케이크를 찾아가지 않으면 어떡하냐고 따진다. 여자는 어이가 없다.

"우린 이제 막 아이를 잃고 왔는데, 당신은 고작 케이크 따위를 이야기하고 있다니?"

어이없음의 감정은 분노로 바뀐다. 두 사람은 늦은 시각임에도 빵집으로 향한다. 그곳에는 빵집 주인이 내일 장사를 위해 빵을 굽고 있다. 벌컥 문을 열고 들어가는 두 사람. 그들은 빵집 주인에게 자신들이 겪은 일을 쏟아 낸다. 그 분노와 아픔을 고스란히 받아들인 빵집 주인은 터벅터벅 조리실로 들어간다. 그리고 접시에 따뜻한 롤빵을 담아 온다. 아이를 잃은 두 사람에게 그 빵이 눈에 들어올 리 없다. 그때, 빵집 주인은 자신이 만든 롤빵을 권한다. 이럴 때일수록 뭘 좀 먹는 일은 별것 아닌 것 같지만 도움이 된다는 말과 함께.

"빵을 먹어도 나아지지 않으면? 그땐 어떡하지?"

J가 묻는다. 그것은 아마도 혼자 삼켜내기에는 빵도, 슬픔의 조각도 너무 커서 한입에 넣기 어려운 그런 순간일 것이다. 그럴 때면 또 다른 도움이 필요하다. 불행도 위로도 얇고 먹기 좋게 썰어주는 이의 도움이 말이다.

2

최갑수 작가의 산문집 《음식은 맛있고 인생은 깊어갑니다》에 그런 이가 나온다. 갑작스레 불행이 한꺼번에 닥치는 시기. 모두에게 그런 시기가 있듯 최갑수 작가에게도 그런 시기가 찾아왔다. 그리고 그때, 시를 쓰는 후배가 작가를 찾아와 권했다. 양양으로 바다를 보러 가자고. 그렇게 도착한 바다. 불행처럼 까만 밤의 바다를 마주한 작가에게 후배는 얇게 썬 송이버섯을 건네주었다. 작가는 한입 크기의 송이와 한 모금의 소주를 번갈아 먹고 마셨다. 그러는 사이 수평선 너머로 해가 오르기 시작했다. 해가 떠오르는 이유를, 날이 밝아오는 이유를 우리는 알고 있을까. '자전' 운운하며 설명할 수는 있겠지만 설명할 수 있다는 것과 안다는 것이 반드시 같지는 않을 것이다. 작가의 또다른 친구의 말처럼.

이유는 없어. 그냥 오는 거야. 불행도 마찬가지더라고. 이유 없이 그냥 오는 거야. 행운도 마찬가지이고.

그냥 오는 것. 해가 뜨고 지는 것처럼 불행과 행운도 그냥 온다. 이 역시 설명할 수는 있지만 알 수 있는 것은 아니었다. 그저 받아들이는 수밖에 없다. 하지만 갑작스레 찾아온 그것은 때로는 너무 무거워 안고 가기에 금방 허기가 지곤 한다. 그래서 필요한 것이다. i의 식탁 위에 놓일 빵집 주인의 롤빵과 "이럴 때일수록 뭘 좀 먹는 일은 별것 아닌 것 같지만 도움이 된다"는 그 말이.

D는 빵집 주인의 말을 담아본다. 이것은 훗날 어른이 된 i에게 도움이 될 것이다. 잊히지 않는 나쁜 기억. 추억이라 말하기도 벅찬 힘겨운 일들. D는 i가 그런 일을 겪

었을 때 그의 말을 꺼내보길 바랐다. 잊히지 않는 추억은 덮어쓰는 수밖에 없다고. 그때 가장 효과적인 것은 빵집 주인이 건넨 것 따뜻한 롤빵. i의 눈, 코, 입 그리고 몸속을 데워줄 그런 음식이라고 말해주고 싶은 마음이었다. 물론 그보다 가능하면 i에게 롤빵이 필요한 일이 없길 바랐다.

어딘가에
있어

믿는 것만으로도

현실은 달라져.

> B95, 과학자들은 그를 '문버드'라고 부른대.
> 일생 동안 52만 3천km, 달과 지구 사이보다
> 먼 거리를 비행하기 때문이지.
>
> 허은실, 《내일 쓰는 일기》

1

과거에 창을 들고 전쟁을 나서던 이들이 있었다. 그들에게 고향이나 국가 같은 것은 중요하지 않았다. 전쟁에 참여하면 돈을 받을 수 있었기 때문이다. 용병이란 이름의 그들은 때로는 조직으로 활동했고, 때로는 개인의 역량으로 승부했다. 그야말로 목숨을 담보로 돈을 버는 사람들이었다. 그들을 두고 사람들은 '프리랜서'라 불렀다. 이 이야기는 형편없는 소설가의 캐릭터 구상 페이지에 있을 것만 같다. 허나 프리랜서는 실제로 있었다. 아직 총과 대포가 등장하기 전, 병사들의 몸과 힘이 도구보다 중요하게 여겨지던 그때 프리랜서는 등장했다. 당시에 가장 강한 무기였던 창을 들고 그것으로 일당백을 할 수 있다 외치던 이들은(그들 중 몇몇은 과장 광고였음이 분명하다) '자유(free) 창병(lancer)'이라는 뜻으로 프리랜서라 불렸다. 이제는 스포츠 용어로 더 익숙한 '용병'이란 표현도 여기서 나왔다. D는 이 이야기를 꽤 좋아했는데 이유는 간단했다. D가 프리랜서였기 때문이다.

D는 편의점 아르바이트로 첫 월급을 받았다. 이후 팟캐스트라는 세계에 조금 일찍 발을 들인 덕분에 몇몇 방송을 만들었다. 그런 활동은 모두 '비정규직' 혹은 '계약직'이라 불리는 일이었으며, 조금 멋있어 보이고 싶을 때 '프리랜서'라 말하는 일들이었다.

'프리랜서'의 일이라는 것은 정말 용병과 다를 바 없다. 상대는 돈을 흔들며 임무를 준다. 그러면 그 임무를 해결하고 '짤랑' 소리가 나는 주머니를 가방에 넣는다. 그렇기에 명절이라고 보너스를 받는다거나 회사의 이곳저곳을 자유롭게 다닐 수 있는 사원증을 받는 일도 없다. 어찌 보면 쿨하지만 그만큼 냉정하다 싶은 세계였다. 물론 D는 엄마가 입버릇처럼 하던 말—"인복은 타고났어"—처럼 좋은 사람들을 많이 만났고, 그 덕분에 긴 시간 자유롭고 행복한 시간을 보낼 수 있었다.

그런 시간이 불안으로 느껴진 것은 아마도 i와 함께인 삶을 상상할 때였다. D의 몇 안 되는 친구 중 하나는 IT 계열의 프리랜서였다. 일은 끊이지 않았고 돈도 많이 벌었다. 선천적으로 속박이나 규율 따위를 싫어했던(늦게 자고 늦게 일어나는 것을 좋아한다는 이야기다) 그에게 프리랜서는 천직이었다. 정해진 장소와 정해진 시간에 일을 할 필요가 없으며, 데드라인에 목숨 대신 성과물을 내놓으면 그만이었다. D는 그 친구만은 영원히 프리랜서로 살리라 생각했다. 하지만 친구는 결혼을 준비하는 과정에서 정규직으로 취업했고 '9 to 5'의 규칙적인 생활을 시작했다. 자유 용병의 상징과도 같던 그가 말이다.

친구가 프리랜서를 포기한 이유는 '안정'이었다. 친구는 결혼하고 가정을 꾸리는 과정에서 더는 자유를 좇아선 안 된다 생각했다. 수입이 줄어들고 잠자는 시간이 바뀐다 하더라도, 그 근사한 전리품을 내놓는다 하더라도 안정된 수익과 정년 그리고 꼬박꼬박 나오는 보너스를 생각하면 그쪽이 나은 선택이라 생각했다. 그래서 그는 화려하게 치장한 자신의 창을 내던지고 정규군의 천편일률적인 창을 손에 들었다.

2

D는 i와 함께하는 삶을 i가 태어나기 전 내내 상상했다. 아니, i가 태어난 뒤에도 상상은 이어졌다. 오늘의 기저귀를 갈면서 내일의 유아차 산책을 상상했고, 새벽의

꿈 수유를 하면서 한낮의 단잠을 상상했다. 그 상상의 과정 중 D는 자신의 몸을 훑는 스산한 바람을 느끼곤 했다. 겨울에도 여름에도 그 바람은 같은 온도로 D를 스쳤다. 그때마다 D는 움츠렸다. 전보다 일이 많아진 D가 비싼 외투를 입고 있을 때도 달라지는 것은 없었다. 그 바람의 정체는 '불안'이었다. 모두가 외치는 것만 같았다.

"그런 직업으로 아이를 키우기에 충분하겠어? 지금은 괜찮아도 언제 어떻게 될지 모르잖아? 그때 대비하면 늦어. 생각보다 애들은 금방 큰다? 지금 돈 많이 드는 거 같지? 초등학생 돼봐. 학원비만 내도 통장이 텅텅 비어."

누구도 대놓고 그런 말을 하지는 않았다. 하지만 직업을 말해야 할 때나 아침과 낮에 아이를 돌보고 있을 때면 놀이터의 다른 아이 엄마들이 속으로 그런 생각을 하는 것만 같았다. 그래서 D는 복지 좋은 대기업에 다니며 육아휴직을 받은 사람처럼 여유로운 표정을 지으며 i의 그네를 밀었다.

'지금 이대로 괜찮은 걸까?'

i는 그네를 정말 좋아했다. 하루 한두 시간은 기본이었고, 아침에 탔어도 저녁이면 처음 그네를 타 본 것처럼 놀랍게 재미있다는 표정을 지었다. 아무리 높게 그네를 밀어줘도 i는 만족을 몰랐다. 말은 하지 못했지만, "더

높이, 더 높이!"를 외치는 것 같았다. 문제는 그네가 관성의 놀이기구라는 점이다. 타는 이든 미는 이든 그 행동에만 집중하면 쉽게 질려버린다. 타는 이는 타는 이대로 올라갈 때와 내려갈 때, 무수한 상상의 세계를 그려야 했다. 미는 이는 조금 더 풍부한 상상력이 필요했다. 기본적으로 안전이라는 깃발을 머리에 꽂은 뒤 남은 부분은 상상으로 채워야만 그 시간을 버틸 수 있었다. 그럴 때마다 D는 '안전'과 비슷한 단어처럼 보이는 '안정'으로 시작되는 상상을 했다.

안정적인 직장을 얻고 규칙적인 출퇴근을 하면 어떨까? J의 업무 시간과 맞물려서 i를 돌보는 데 문제가 생기겠지? 좋아, 그 핑계로 '좋아하는 프리랜서의 삶을 이어가자!' 싶다가도 '넌 지금 안정을 찾지 않을 핑계만 줍고 있잖아?'라는 마음의 소리에 뜨끔하다. 하지만 아무리 그려봐도 프리랜서를 벗어난 삶은 잘 그려지지 않았다. 지금의 i에게는 D가 프리랜서여서 줄 수 있는 시간이 더 중요하게 느껴졌고, 그런 생각을 할 때마다 놀랍게도 i는 크게 웃었다. 응원일까? 아니면 "아빠는 어차피 안 돼요. 빨리 그네나 힘껏 밀어주세요"라고 말하는 것일까. D는 이내 생각을 접고 그네 미는 일에 집중한다. 지금 D가 맡은 자유 용병의 일은 그것이었다.

3

  D는 프리랜서에 대해 생각하며 자신이 이토록 비관적인 성격이었구나 깨달았다. J에게 그런 고민을 털어놓은 적은 없었다. 하지만 스스로를 낙천적이라 여기지 않는 J는 D가 잃어버린 낙천성을 잘 찾고는 했다. 그리고 그것을 잘 담아두었다가 필요할 때면 그것을 꺼내 썼다. D와 비슷한 '안정'에 대한 상상을 할 때면, J는 낙천의 조각 하나를 품에 꺼내 들었을 것이다. 새의 다리에 묶여 있던 어떤 것을 말이다.

  붉은가슴도요. 과학자들은 그를 '문버드'라고 부른다. 그들은 달과 지구 사이보다 먼 거리를 비행한다. 알래스카에서 오스트레일리아까지. 먼 여정을 떠나는 사이 그들은 아주 잠시, 우리 곁에 머물러 쉬고 다시 날갯짓을 한다. 시인 쉼보르스카의 말에 따르면 그들은 자신의 광기에 대해서 전혀 인식하지 못한 채, 묵묵한 비행을 계속하는 존재다. 그래서 우리에게 붉은가슴도요새를 볼 기회는 거의 주어지지 않는다. 그렇기에 그들은 우리 세상에는 없는 존재, 말하자면 판타지 속 드래곤과 같다 말해도 틀리지 않을 것이다. 그럼에도 드래곤은 판타지 소설책에 담아두고, 붉은가슴도요는 조류도감에 담아두는 이유는 무엇일까? 그것은 '믿음'에 있을 것이다. 그들이 저 광활한 하늘 어딘가를 날고 있다는 믿음. 언젠가는 우리 곁에 도착해 잠시 머물 것이라는 믿음. 거기에 있을 것이다.

J가 꺼낸 낙천의 조각. 거기에는 그런 이야기가 적혀 있었다. 그 이야기는 지금 J와 D가 마주 앉은 식탁 위, J와 i가 나란히 누운 침대 사이, J와 i와 D가 손을 잡고 걷는 품과 품 사이, 그 어디에도 '안정'이 없다 한들 문제될 것은 없다고 말해준다. 그것이 지금 당장 곁에 없더라도, 손에 잡히지 않더라도, 그건 문제가 아니다. 진짜 문제는 그것이 어디에도 없다는 것을 증명하지도 못한 채 어디에도 없다고 믿는 것이다. 살아가려면 그런 형편없는 믿음은 버려야 한다. J는 그렇게 생각했다. D가 프리랜서여서, J가 학원의 강사여서, i가 그네를 너무 좋아해서 가방에 담아놓아야 하는 것들이 많이 있다고. 그것은 잃어버린 것도 아니고, 사라진 것도 아니고, 단지 지금은 필요 없어서 가방에 담아둔 것뿐이라고 그렇게 생각했다. 그 믿음은 두 사람을 살아가게 했다. 그리고 i가 탄 그네를 훨씬 더 높이 올려주는 동력이 되었다. i의 웃음소리는 높이에 비례했다. D는 그 웃음을 믿으며 지금 맡은 자유 용병의 일에 집중하기로 했다.

미래로
가자

자유를 따라가길. 어렵다면 갈망하길.

그것마저 어렵다면 입으로 자꾸 말해보길.

> 가자! 파리로.
> 살러 가지 말고 죽으러 가자.
> 나를 죽인 곳은 파리다.
> 나를 정말 여성으로 만들어준 곳도 파리다.
> 나는 파리 가서 죽으련다.
> 찾을 것도, 만날 것도, 얻을 것도 없다.
> 돌아올 것도 없다. 영구히 가자.
> 과거와 현재 공(空)인 나는 미래로 가자.
>
> 나혜석, <외로움과 싸우다 객사하다>

1

D는 꿈꾸길 좋아한다. J는 가정법을 사랑한다. 그래서 두 사람은 자주 그것에 관해 말했다. 현실을 말하는 것도 좋았지만, 아직은 없는 것, 혹은 가까운 미래에도 없을지 모르는 것, 아니 그럴 확률이 높은 것, 그럼에도 꿈꾸거나 가정해보고 싶은 것, 그것에 대해 말하는 순간을 즐겼다.

그런 두 사람을 닮아서일까? i에게 현실이나 지나간 과거는 그리 중요한 게 아닌 것처럼 보였다. 어린이집에서 무슨 일이 있었는지, 어떤 게 가장 즐거웠고 또 행복했는지, 그런 말을 자주 하지 않았다. 그저 물으면 마지못해 대답하는 정도가 전부. 그 대신 i는 내일 있을 일을 말하는 데는 선수였다. 내일 무엇을 할지, 모레는 무엇을 할지, 주말에는 무엇을 할지 끊임없이 물었고, 특별한 스케줄이 있을 때는 그것을 말하느라 한참 시간을 보냈다. J와 D는 그 모습이 의아하면서도 어쩌면 이런 것까지 자신들을 닮았을까 생각이 했다.

강사로 일하는 J는 학원에서 만나는 아이들의 목표나 꿈이 모두 일률적이라는 것을 놀라워했다. 하지만 계속 일을 하다 보니 이제 J는 보통의 목표나 직업이 아닌 다른 꿈을 가진 아이를 볼 때 놀라기 시작했다. 특히 책을 좋아한다거나 아빠와 영화 보는 것을 즐기는 아이가 있다는 이야기를 들을 때면, J의 눈은 휘둥그레졌다. '아직도 그런 아이가 있다고?' 그리고 궁금해졌다. i도 더 크면 저렇게 생각할까. 그렇게 건조해질까. 염려했다.

"어쩔 수 없는 것 같아. 잘살기 위한 방법이 그것뿐이라고 믿고 있으니까. 그게 아니면 실패라고 생각하니까."

2

리처드 링클레이터의 영화 〈보이후드〉는 무려 12년에 걸쳐 완성한 영화이다. 영화의 제작 난이도나 기술 때문이 아니라 현실의 시간을 그대로 영화로 옮기기 위한 것이었다. 감독은 메이슨 주니어와 그의 누나 사만다 그리고 두 아이의 엄마 올리비아의 이야기를 그린다. 중심에는 소년 메이슨이 있으며, 영화는 여섯 살이었던 그가 자라 대학에 진학하게 되며 집을 떠나는 시간까지를 기록하고 있다.

올리비아는 두 아이와 함께 꿈도 품었던 이였다. 그녀는 그것이 놓일 곳을 향해 끊임없이 움직였다. 물론 결과가 좋지 않았던 때가 더 많았지만, 어떻게 되었건 그녀는 움직였다. 눈물 나는 날도 적지 않았다. 그럴 때면 눈물을 흘렸다. 하지만 곧 눈물을 닦고 다시 움직였다. 그것에 필요한 동력 역시 아이와 꿈을 통해 받았다.

그렇게 시간이 흘러 메이슨이 성장하여 대학에 갈 나이가 된 순간, 그래서 올리비아의 둥지를 벗어나려 하는 순간, 올리비아는 왈칵 눈물을 흘린다. 이렇게 말하며.

"뭔가…… 더 있을 줄 알았어."

그 짧은 한마디와 함께 눈물을 쏟는다. 살다 보면, '열심히'나 '올바르게'가 아닌, 그저 산다는 업보를 수행하는 것만으로도 그녀는 꿈으로 조각된 작은 선물이라도 받을 수 있을 줄 알았다. 하지만 아니었다. 그렇게 애쓰고 또 애를 썼음에도 늙은 그녀의 주름진 손에 주어진 것은 없었다. 그저 모래처럼 흘러 떨어져버리는 것이 전부. 그것을 보며 올리비아는 눈물지을 수밖에 없었던 것이다. 메이슨은 그런 엄마를 꼭 안아준다. 영문도 모른 채 그저 꼭 안아줄 뿐이다.

J와 D 두 사람은 영화를 보며 생각한다. 꿈이라는 것, 그것을 가진 이들의 삶은 어떤 것일까 생각한다.

3

1900년대, 신여성이라고 불렸던 나혜석. 그녀는 당시로서는 정말 쉽지 않았던 구미 유람을 떠난다. 지금 말로는 유럽과 미주 여행을 떠난 것이다. 일찍이 그림을 배우고 글을 썼던 나혜석에게 유럽행, 그 중에서도 파리행은 너무나 설레는 것이었다. 최신 유행하는 화풍과 그것을 선도하는 젊은 예술가들이 모여 산다는 파리. 그곳의 공기를 마실 수만 있어도 머릿속에만 그려본 꿈을 이룰 수 있을 것만 같았다.

실제로도 그랬다. 그녀는 유럽 곳곳을 돌아다니며 그림을 보고 배웠다. 특히 파리에서는 현지인의 집에서 함께 생활하며 평등한 가족의 삶, 예술이 함께하는 가족의 삶, 꿈에서만 보았던 그 모습을 현실에서 마주할 수 있었다. 하지만 그녀는 어디까지나 이방인이자 여행자의 신분이었다. 유랑에는 끝이 있었고, 언제까지고 잠과 꿈을 즐길 수는 없었다. 그래서 그녀는 돌아간다. 고국으로. 차별과 세속적 그물이 촘촘히 펼쳐져 있는 그곳으로 말이다.

집으로 돌아오기 전부터 나혜석은 심한 우울감을 느낀다. 아예 몰랐으면 모를까, 꿈의 세계가 현실에 있다는 것을 알았는데, 다시 눅눅한 현실로 돌아가야 한다는 사실이 믿기지 않았다. 하지만 아이들을 그냥 둘 수 없었던 그녀는 기차를 타고 배를 타며 고향에 돌아온다. 그 짧은 시간, 현실이 조금이나마 바뀌었길 기대하면서.

하지만 현실은 현실이기에 현실이라 부르는 것이었다. 파리에서는 화가 나혜석이었던 그녀가 한국에서는 누군가의 아내, 누군가의 며느리, 누군가의 엄마로 불릴 뿐이었다. 그녀가 화제가 되어 신문에 오른 것은 작품이 아닌 외도 기사가 전부였다. 희망은 물론이고 꿈을 꾸는 것조차 잠자리에 드는 것이 전부인 삶, 그런 삶을 보내며 나혜석은 이런 시를 쓴다.

> 가자! 파리로.
> 살러 가지 말고 죽으러 가자.
> 나를 죽인 곳은 파리다.
> 나를 정말 여성으로 만들어준 곳도 파리다.
> 나는 파리 가서 죽으련다.
> 찾을 것도, 만날 것도, 얻을 것도 없다.
> 돌아올 것도 없다. 영구히 가자.
> 과거와 현재 공(空)인 나는 미래로 가자.

나혜석이 싸우는 대상은 외로움이다. 자신의 꿈을 알아주지 않는 이들 사이에서 외로움과 싸워야 했다. 그런데 이 배경을 한국이 아닌 파리로 바꾸면 어떨까? 나혜석은 여전히 외로움과 싸워야 할 것이다. 이방인들이 흔히 그러듯이 말이다. 말하자면 고향이든 파리든 나혜석은 외로움과 싸워야 하는 운명인 것이다. 그렇다면 나혜석은 둘 중 어떤 외로움을 선택하고 싶었을까? 어떤 외로움이라면 객사를 해도 괜찮다 생각했을까? 답은 당연히 파리다. 나혜석은 자신이 가진 어떤 것이든 그것이 외로움이라 하더라도 파리에 갈 수 있다면, 그곳에서 꿈을

꿀 수 있다면 그것을 선택하고 싶었던 것이다. 그것이 현재에 박제된 삶이 아닌 꿈틀대는 미래에서 사는 방법이라 생각했다. 그리고 꿈과 함께하는 그런 삶이 아니라면 그 역시 외로움과 싸우다 객사하는 것과 다르지 않은 것이라고 생각했다.

하지만 결국 나혜석은 그 꿈을 이루지 못했다. 파리에 다시 가지 못했다. 화가로서 성공하지도 못했다. 그녀의 소설과 그림은 그저 조금 특이한 여성의 취미 정도로만 취급 받았다. 그러는 사이 남편과는 헤어져야 했고, 사랑하는 아이들을 만날 길도 요원해졌다. 할 수 있는 것은 출가밖에 없었는지 그녀는 속세에서 벗어나는 선택을 했다.

그리고 그녀는 객사했다. D는 상상해본다. 아마도 객사 직전, 나혜석은 올리비아와 같은 의문을 품었을지 모른다고.

4

"뭔가…… 더 있을 줄 알았어."

올리비아와 나혜석. 두 사람이 느꼈을 이 감정은 꿈을 좇은 이들만이 품을 수 있는 감정이다. 애당초 그 길을 걷지 않았다면, 그 길 끝에 있을 무언가를 상상하지 않았다면. 그곳에 보물 상자가 있다고 상상하지 않은 이라면 그것이 없다 해도 허무해할 일도 슬퍼할 일도 없다. 꿈을 꾸지 않는 쪽을 택하는 가장 큰 이유는 아마도 이것일 것이다. 실패하면 느낄 극심한 허무. 무언가 있을 줄 알았던 상자가 비어 있을 때의 슬픔. 그리고 열기 직전까지 겪어야 할 지난한 초조함. 그러한 고통에서 벗어나는 방법은 두 가지다. 꿈을 이루는 것, 혹은 꿈꾸지 않는 것. i에게는 어느 쪽을 선택하라 말해야 할까?

두 사람에게 이 질문은 쉬운 것이었다.

"슈뢰딩거의 고양이 같은 거지."

"슈뢰딩거? 그 고양이 상자?"

고양이가 들었는지 아닌지는 상자를 열어봐야 안다는 슈뢰딩거의 고양이. D는 이 이야기를 매우 좋아했다.

"열었는데 고양이가 없으면?"

J가 물었다.

"그럼 다행이지. 반대로 열지 않았는데 거기 고양이가 있었다고 해봐."

"그럼?"

"고양이가 죽어버릴 수도 있잖아."

이건 또 무슨 엉뚱한 소리인가 싶으면서도 J는 고개

를 끄덕인다.

"그건 안 되지."

안 될 말이었다. 고양이를 죽음에 내몰 수는 없었다.

그러니 일단은 열어보는 걸로. 꿈도 고양이 상자도. 두 사람은 결론짓는다.

천천히,
한 장씩

서두르지 마.

천천히 가도 괜찮아.

> 그렇게 한 쪽씩 쌓여서 책이 되는군요.
> 네, 매우 천천히요.
>
> 폴 오스터, 《작가란 무엇인가 1》

준비

마라톤 대회가 있는 날이었다. 아침 일찍 출발해야 하는 스케줄이어서 두 사람은 외할아버지에게 i를 맡길 예정이었다. 할아버지는 늦지 않게 바삐 집에 도착했다. i는 아침에 할아버지가 온다는 사실을 알고 있어서인지 평소보다 한 시간이나 먼저 일어났다. 할아버지가 곁에 있으니 자신도 따라가겠다 외치는 대신 i는 순순히 두 사람을 보내주었다. 손까지 흔들며.

마라톤이 열리는 곳은 서울 양천구 어느 경기장이었다. 경기 동남부를 벗어난 적이 없는 두 사람은 처음 가보는 지역이었다.

"그러고 보니 우리는 왜 하필 양천구에서 열리는 마라톤을 신청한 거지?"

"적당한 날에 하는 게 이것뿐이니까. 그보다 먼저, 우린 왜 마라톤을 신청한 거지?"

두 사람은 뒤늦은 의문을 품으며 양천구로 향했다.

J와 D는 평소 운동을 그리 즐기는 편은 아니었다. '해야 되는데……'라는 마음은 있었지만 그조차 간절한 정도는 아니었다. 마라톤 신청도 계획적인 일은 아니었다. 두 사람과 친한 H, B 부부와 신년을 맞아 저녁 식사를 하던 중이었다.

"올해는 마라톤을 한번 해보면 좋겠어."

누가 응했는지 기억나지 않는다.

"오, 좋다! 4월에 하는 마라톤 대회라면 연습할 시간도 충분하고 괜찮겠다. 그치?"

누가 말했는지 기억나지 않는다.

"4월이면 충분하네. 빨리 찾아봐."

누가 찾았는지 기억나지 않는다.

"4월에 양천구에서 10킬로미터 마라톤 대회가 있다."

누가 환호했는지 기억나지 않는다.

"좋아, 신청하자!"

모두가 동의했다.

네 사람은 그런 낙천가들이었다. 해서 후회하기보다는 안 한 것에 대한 아쉬움을 먼저 생각했고, 좋지 않은 일은 외면이라 핀잔 받는 일이 있더라도 서둘러 덮어버리는 쪽을 선택하는 이들이었다. 좋아하는 일에만 계획

적이고 더 괜찮은 생각이 나면 곧장 계획을 수정하는 스타일. 대항해시대로 치자면 황금이 그곳에 있다는 소문을 듣고 "옳다구나!" 하며 아메리카로 항해를 떠나지만, 중간에 근사한 섬을 만나면 눈 밖의 황금보다는 눈앞의 맥주를 집어 들며 시간을 낭비하는 식이다.

그런 네 사람이 취한 채 새로 발견한 섬이 마라톤이었고 그리하여 마라톤 첫 경험인 네 사람이 양천구에 모였다.

시작

아이가 둘인 H, B 부부와는 육아 스타일이 비슷해서 아이가 없을 때보다 자주 만나게 되었다. 만남의 이유가 그것뿐은 아니었다. 네 사람은 풍선과 바구니 같은 존재로 서로에게 작동했다. 줄리언 반스의 말에 따르면 풍선과 바구니는 서로 떨어져 있을 때는 각자의 기능만 한다. 하지만 이제껏 만나지 않았던 두 존재가 만나면 '열기구'라는 이름으로 더 높이 더 선명하게 보는 존재가 된다. 네 사람은 서로에게 그런 존재였다. 누군가 풍선이 되면 누군가는 바구니가 되고, 또 때로는 반대로 작동하는. 네 사람은 모일 때마다 어느 어린 몽상가들처럼, 혹은 사막의 미어캣처럼 고개를 쑥 내밀고 더 먼 곳을 보려 했다. 그 결과 곁눈질만 하고 끝내 닿지 못한 곳도 많았지만 실제 가닿은 곳도 적지 않았다. 타율로 치면 1할대의 형편없는 타자라 말할 수도 있었다. 하지만 네 사람은 그런 이들을 보며 이렇게 생각했다.

"타석에 한 번도 서지 않은 사람들보다는 우리 타율이 괜찮지."

마라톤도 그 중 하나라 생각했다. 실패할 수도 있지만 시작을 한 것만으로도 충분하다. 네 사람은 생각했다. 그러다 보니 진짜 열기구처럼 둥실 떠오르는 기분이었다. 그 기분이 10킬로미터 결승점에 도착할 때까지 이어질지는 알 수는 없었지만.

처음 참가한 마라톤 대회는 놀랄 만큼 활기가 넘쳤고 사람도 넘쳤다. 발에 걸려 넘어지는 거 아닐까 생각할 만큼 출발선은 사람으로 꽉 차 있었다. 네 사람은 나름대로 몸을 풀며 출발 신호를 기다렸다.

"살아서 봅시다!"

몽상가다운 호기로운 파이팅을 나누며 네 사람은 출발했다.

한 걸음, 또 한 걸음. 왼발이 허공으로 가면 오른발이 땅에, 오른발이 허공에 뜨면 왼발이 땅에 닿았다. 그것

외에 앞으로 나가는 방법은 아무것도 없었다. 그렇기에 네 사람은 우직하게 발을 떼고 발을 닿으며 앞으로 나아갔다. 속도는 중요한 게 아니었다. 앞으로 나갈 수 있느냐가 네 사람에게 주어진 유일한 문제였다. 이런 게임은 네 사람에게 알맞은 것이었다. 계산이라든지, 반칙이라든지 하는 것에는 약한 네 사람에게 이런 정직한 게임은 오히려 즐거운 것이었다. 그리고 생각해보니 네 사람은 이미 그런 게임을 수천 번 하고 있었다. 아이들과 함께 말이다.

5킬로미터 지점

옛날 어른들이 주로 하는 말이 있었다.
"끼니 놓치면 절대 다시 못 챙겨 먹어."
밥보다 잠이 중요했던 어린 시절에는 이해할 수 없는 말이었다. 한 끼 정도는 놓치면 놓치는 거지 뭐 하러 다시 찾아 먹어야 하나 싶은 마음이었다. 그 의문의 답을 찾는 시기는 주로 아이가 생겼을 때다. 아이들은 태어나면 몇 시간 단위로 밥을 먹어야 하고, 그 중 한 때라도 놓치면 세상을 잃은 듯이 운다. 눈물이 허기를 더하는 것 따위 상관없다는 듯이 운다. 그래서 여덟 번 정도의 끼니를 채워야만 하루가 완성된다. 그렇게 완성된 하루가 일곱 번 반복하면 일주일이, 일주일이 네 번 반복되면 한 달이, 한 달이 열두 번 반복되면 1년이 된다. 그 중 어떤 끼니도, 또 어떤 하루도 다시 되찾을 수는 없다. 만약 놓친 끼니가 있다면, 빠진 하루가 있다면, 엉망으로 쌓은 젠가 블록처럼 점점 티가 난다. 아이들의 하루는 죽순이나 다른 동물들에 비하면 한없이 느리지만 분명 티가 난다. 하루가 지나면 하루만큼 아이들은 반드시 성장한다. 그 생각이 부모로 하여금 아이를 돌보게 한다. 하루도 빼놓지 않고서 말이다.

한 걸음도 빼놓지 않고 발을 내딛는 동안 네 사람은 반환점을 돌고 있었다. 처음보다 숨이 가빠지고 다리의 힘도 그만큼 풀어졌다. 지금부터는 리듬의 문제였다. 무엇보다 오른발과 왼발의 호흡이 잘 맞아야 한다. 한쪽이 너무 앞서거나 다른 한쪽이 너무 처지면 몸의 밸런스는 무너져버린다. 특히 코어 힘이 아직 갖춰지지 않은 초심자들은 리듬을 잃지 않게 노력해야 한다.

생각하면 웃긴 일이었다. 내 몸의, 그것도 그리 멀리 떨어져 있지 않은 왼발과 오른발의 리듬을 신경 써서 맞춰야 한다는 것이 말이다. 그 정도는 자연스럽게 되는 것 아닌가? 그런 생각을 하는 동안에도 몇 번이고 리듬이 무너질 뻔한다. 하나, 둘, 셋, 넷. 속으로 되뇌는 구령도 별 소용이 없다. 어떡하면 좋지? 모르겠다. 모를 때 가장 좋은 방법은 속도를 늦추는 것이다. 발이 박자를 따라갈 수 있을 만큼 속도를 늦추는 것이다. 손목의 스마트 워치는 어느새 그걸 감지하고 페이스가 떨어졌음을 알릴 것이다. 조급한 마음. 그것에 다시금 속도를 올리고 싶은 욕심이 생길 것이다. 하지만 속도가 올라가면 발은 자연히 쳐진다. 리듬 역시 무너진다. 그것을 몇 번 반복하다 보면 페이스와 기록에 대한 욕심을 포기하기에 이른다. 그리고 그 순간, 이런 생각을 하게 된다.

'잠깐, 기록? 우리가 언제 기록 세우려고 뛰기 시작했나? 완주가 목표 아니었어?'

우리는 자주 목표를 잊고는 한다. 조금이라도 가능성이 보이면 더 큰 목표를 세우는 데 시간을 낭비하고, 그것을 달성하지 못하면 좌절감을 느끼곤 한다. 아이를 키우는 것도 마찬가지의 유혹에 빠질 때가 있다. 하루를 이렇게 잘 보냈으니 보너스로 반나절치 정도는 더 성장했으면 좋을 텐데, 아프지 않으니 공부도 잘했으면 좋을 텐데, 어린이집에 적응했으니 친구도 많이 사귀었으면 좋겠는데, 이제 좀 의젓해졌으면 좋겠는데…… 이런 생각들. 하루를 오롯이 보낸 아이들에게 반나절만큼의 추가 성장을 원하는 마음들. 그런 마음에 발이 걸려 넘어질 때가 있다. 재미있는 것은 그렇게 넘어져 지치거나 울고 있을 때, 우리를 위로하는 것은 아이들이라는 사실이다. 아이들은 온 마음을 다해 부모를 위로한다. 호- 불어주기도 하고, 꼭 안아주기도 하고, 괜찮냐고 물어봐주기도 하면서. 그런 위로를 받을 때면 자연스레 이렇게 읊조리게 된다.

"우리 아이, 다 컸네."

7.5킬로미터 지점

42.195킬로미터를 완주하는 이에게 7.5킬로미터는 어떤 의미일까. 사실 아무런 의미가 없을 수도 있다. 그저 신경도 쓰지 않는 숫자에 불과할지도 모른다. 하지만 네 사람에겐, 이제 막 달리기를 시작한 이들에게 7.5킬로미터는 가장 중요한 고갯길이다. 저것만 넘어서면 10킬로미터 완주까지는 금방일 것 같은데 문제는 저 고개를 넘는 것 자체가 불가능해 보인다. 현실적 숨 가쁨과 막연한 두려움이 공존하는 지점이 바로 7.5킬로미터다.

네 사람은 그 지점이 낯설지 않았다. 네 사람에게 아

이가 생긴 후 매일 마주했던 지점이었다. 아이와 함께하는 하루는 마라톤 코스와 다르지 않았다. 아이를 재우기 직전, 목욕과 양치를 시키는 그 지점. 그 지점은 7.5킬로미터와 닮아 있다. 그 고개만 넘으면 '육퇴'라는 완주의 기쁨을 느낄 수 있었다. 하지만 그 지점에 오기까지 이미 힘을 너무 많이 썼다. 다리는 풀려오고, 숨은 목까지 차오른다. 하지만 안 돼. 거기서 멈춰버리면 아이는 잠들 수 없다. 그래서 네 사람은 7.5킬로미터 지점에서 멈추거나 걷지 않았다. 일단 뛰었다. 완주는 그렇게 하는 것이라고 아이를 통해 이미 배웠다.

결승점

결승점은 별 다를 것이 없다. 출발할 때 본 그곳이다. 그렇다고 감흥이 없는 것은 아니다. 매일 밤, 아이가 잠든 모습이 특별하듯이 결승점은 특별했다. 네 사람은 차례로 결승점을 통과했다. D는 그 모습을 보며 소설가 폴 오스터의 말을 생각했다.

그렇게 한 쪽씩 쌓여서 책이 되는군요.
네, 매우 천천히요.

폴 오스터는 《파리 리뷰》와의 인터뷰 중 소설을 쓰는 방법에 대해 답했다. 그는 자료를 조사하고, 플롯을 짜고, 단어를 고르고, 문장을 엮는다. 그리고 다시 무너뜨린다. 실수를 만회하기 위해서다. 작가는 같은 일을 반복한다. 마음에 들 때까지. 그렇게 문장과 문장이 쌓인다. 한 쪽, 한 쪽씩. 그리고 마침내 한 권의 책이 완성된다. 그 과정은 매우 지난할 것이다. 견디기 어려울 만큼 힘겨운 시간이 반복될 것이며, 겨우 완성한 문장을 송두리째 날려야 하는 경우도 있을 것이다. 그럼에도 작가는 그 일을 반복해야 한다. 그것이 작가의 일이기 때문이다.

우리의 일이라고 뭐가 다를까. 하루의 페이지를 천천히 눌러 쓰고, 마음에 안 들면 내일은 고쳐 쓰며 하루를 보내고, 그렇게 쌓인 하루를 통해 성장하는 것. 그것이 우리의 일이다. 또한 아이의 일이기도 하다.

결승점을 통과한 네 사람은 천천히 걷는다. 매우 천천히 걷는다. 그리고 첫 마라톤 완주 메달을 목에 걸고 사진을 찍는다. 다음은 뭘까. 묻지 않아도 모두가 알고 있다. 집으로 가는 일. 그곳에서 아이를 마주하는 일. 아이와 함께 다시 모이는 일. 그리하여 언젠가 파리의 예술가들이 그랬듯 함께 앉아 술과 음식을 나누며 다음에는 보스턴 마라톤 대회에 나가자는 둥 샤모니에서 식당을 차려야 하니 넌 프랑스어를 배우고 넌 요리를 배워야 한다는 둥 실없이 즐거운 이야기를 나누는 일. 그렇게 하루의 책을 완성하는 일. 적당히 취해 책의 끝장에 적힐 'The End'의 스펠링을 틀리는 일. 내일 다시 그것을 펼쳐보며 또 한 번 웃는 일. 그것이 우리의 다음 일이었다.

앞으로

사랑을 말하는
가장 좋은 방법은 이거야.

>이러니저러니 해도 우리가 사랑하는 것에 대해
>이야기하는 가장 좋은 방법은
>그것에 관해 단순하게 이야기하는 것이리라.
>
>알베르 카뮈, 《결혼·여름》

1

"지옥으로 가는 길은 수많은 부사들로 뒤덮여 있다."

작가 지망생이라면 누구나 한 번은 이 문장을 마주하게 된다. 바로 스티븐 킹의 명저 《유혹하는 글쓰기》의 핵심이 되는 문장이다. 어떤 작가나 자신이 생각하는 작법의 제1원칙이 있다. 스티븐 킹의 경우에는 부사 같은 불필요한 단어는 모두 제거하는 것이 제1원칙이었다. 알베르토 자코메티의 〈걷는 사람〉처럼 걷는 데 필수적인 부분 외에는 모두 지워야 한다고 그는 말한다.

작가 지망생이었던 D는 그 말을 믿었다. 하지만 믿음과 행동에는 필연적인 간극이 있어서인지 도무지 그런 글을 쓸 수 없었다. 그렇게 쓴다 하더라도 퇴고 과정에서 무언가 덧붙여야 마음이 놓였다. 그렇게 쓰인 글은 당시에는 제법 괜찮아 보이곤 했다. 내심 만족스러울 때도 있었다. 하지만 한 달만 지나고 봐도 그 글은 촌스러워졌다. 몇 바퀴가 돌아도 절대 유행이 되지 않을 것 같은 촌스러움. D의 글은 그렇게 롱 패딩을 입고 걷는 사람이 되어 있었다.

2

"안아보셔도 괜찮아요."

i와의 첫 만남. 제왕절개로 태어났기에 J는 i의 탯줄을 자르는 데 함께하지 못했다. 간호사가 수술실에서 i를 안고 나왔다. 손가락 열 개, 발가락 열 개를 확인시켜준 간호사는 i를 안아봐도 괜찮다며 D에게 건넸다. 그야말로 천 한 조각을 두른 채 아무런 꾸밈없는 울음을 터뜨리고 있던 i. 그 모습에, 또 울음소리에 동요된 감정은 D가 지금껏 살아오면서 마주한 모든 책과 영화, 드라마에서 받은 감정의 크기에 비할 바 못되었다. 심지어 D는 《백년의 고독》도 두 번이나 읽었는데 말이다. D는 시간이 흐른 후에도 문득 이때의 기억을 떠올리곤 했다. i가 힘들게 할 때 자기최면을 위한 것이 아닌, 그냥 문득문득 그때의 기억이 떠오르곤 했다. 그럴 때마다 D는 뭉근하게 끓어오르는 열기 같은 것을 느꼈는데 그 열기는 때로는

에너지로 전환되기도 하고 때로는 진짜 열병으로 바뀌기도 했다. 그리고 대부분은 동력으로 작용했다.

이전까지 D는 사람의 마음을 움직이기 위한 가장 편하고 빠른 방법은 직접적으로 감정이란 덩어리를 쿡쿡 찌르는 것이라 생각했다. 아니, 그 방법밖에 몰랐다. 아무리 레이먼드 카버의 절제된 글쓰기가 좋고 그것이 더 나은 방법이라는 것을 알아도 그렇게 쓰는 것은 다른 문제였다. 그래서 D는 감정을 건드리는 글을 써야 할 때 부사와 형용사의 작대기를 가져왔다. 그리고 쿡쿡, 쿡쿡, 쿡쿡 여러 번 찔러댔다. 하지만 찌르기는 잠깐의 동요를 일으킬 수는 있어도 그곳에 남아 오래도록 감정을 어루만지지는 못한다는 것을 글을 쓰면 쓸수록 인정하게 되었다. 그렇다면 어떻게 해야 할까? 책상 앞에 앉아 아무것도 아닌 곳을 바라보던 D의 머릿속에 떠오른 것은 i와의 첫 만남, 그날의 장면이었다.

"안아보셔도 괜찮아요."

기억은 항상 그 대사로 시작된다. 녹색 천 한 조각을 두른 채 아무 꾸밈도 없이 품에 안긴 i. 거기에 뭘 더할 수 있을까? 어떤 비단을 입히고, 어떤 황금 왕관을 씌울 수 있을까. 그럴 수 없다. i가 세상에서 가장 아름다웠던 이유는 비단이나 황금에 있는 것이 아니었다. 그저 온 힘을 다해 우는 마음. 온 힘을 다해 손과 발을 뻗는 움직임. 아름다움은 거기에 있었다. 그것보다 아름다운 것은 없었으며 감정 가장 가까이 다가갈 수 있는 것은 없었다.

D는 책상 앞에 앉아 골똘히, 이번에는 벽에 걸린 철제 보드판을 응시했다. 그곳에는 i의 초음파 사진이 있다. 초음파 사진 수천 장 중에서도 구분할 수 있을 것 같은, 지금과 다르지 않은 얼굴의 i가 그곳에 새겨져 있다. 심지어 색깔도 없다. 그저 형태만 있을 뿐. 그럼에도 i는 i였다. D는 그 사진을 보며 생각했다.

'저렇게 써야겠다.'

3

오늘부터 우리는 또 한 바퀴 회전의 목마를 탈 겁니다.
둥근 찻잔 속의 말처럼.
그리고 다음 해 오늘, 우리는 무언가가 되어 있겠죠.
그 시작의 걸음에 메리 올리버의 말을 덧대봅니다.

"우리가 무언가 되어야 한다면 함께인 게 좋겠지.
그렇게 우리는 함께 어둠을 건너지."

4

"좋네."
글을 받아 든 J가 말했다.

이러니저러니 해도 우리가 사랑하는 것에 대해 이야기하는 가장 좋은 방법은 그것에 관해 단순하게 이야기하는 것이리라.

D는 알베르 카뮈의 산문집《결혼·여름》의 한 페이지도 접어 J에게 건넸다.
"이건 더 좋네."
간결하고 단순하게 이야기하는 J.
꼭 그렇게 숨 쉬며 잠든 i.
D는 조금 더 그렇게 해보기로 마음먹는다. 카뮈가 사랑을 이야기하는 방식대로 글도 삶도 그렇게 이야기해보기로 마음먹는다.

인용도서

김연수, 《소설가의 일》, 문학동네, 2014
조던 스콧, 《나는 강물처럼 말해요》, 김지은 옮김, 책읽는곰, 2021
윌리엄 피네건, 《바바리안 데이즈》, 박현주 옮김, 알마, 2018
필리프 들레름, 《크루아상 사러 가는 아침》, 고봉만 옮김, 문학과지성사, 2021
마쓰이에 마사시, 《여름은 오래 그곳에 남아》, 김춘미 옮김, 비채, 2016
에밀 아자르, 《자기 앞의 생》, 용경식 옮김, 문학동네, 2003
김애란, 〈건너편〉 《바깥은 여름》, 문학동네, 2017
이동진, 《밤은 책이다》, 위즈덤하우스, 2011
줄리언 반스, 《사랑은 그렇게 끝나지 않는다》, 최세희 옮김, 다산책방, 2014
어니스트 헤밍웨이, 《파리는 날마다 축제》, 주순애 옮김, 이숲, 2012

황인찬, 〈아는 사람은 다 아는〉《이걸 내 마음이라고 하자》, 문학동네, 2023

최다정, 《시가 된 미래에서》, 아침달, 2024

윤광준, 《윤광준의 생활명품 101》, 을유문화사, 2023

로맹 가리, 《새벽의 약속》, 심민화 옮김, 문학과지성사, 2007

바스티앙 바베스, 《염소의 맛》, 그레고리 림펜스·이혜정 옮김, 미메시스, 2010

김상혁, 《선물 하나가 놓이기까지》, 테오리아, 2023

김신지, 《시간이 있었으면 좋겠다》, 잠비, 2023

안규철, 《사물의 뒷모습》, 현대문학, 2021

최갑수, 《음식은 맛있고 인생은 깊어갑니다》, 얼론북, 2022

허은실, 《내일 쓰는 일기》, 창비, 2019

파리 리뷰, 《작가란 무엇인가 1》, 권승혁·김진아 옮김, 다른, 2014

알베르 카뮈, 《결혼·여름》, 장소미 옮김, 녹색광선, 2023

우리는 서로의 첫번째

초판 1쇄 발행 2025년 11월 30일

지은이. 최동민
펴낸이. 김태연

펴낸곳. 멜라이트
출판등록. 제2022-000026호
이메일. mellite.pub@gmail.com
인스타그램. @mellite_pub
디자인. 강경신

ⓒ 최동민, 2025

ISBN 979-11-988338-8-4 (03810)

- 이 책의 전부 또는 일부 내용을 재사용하려면 반드시 사전에 저작권자와 멜라이트 양측의 서면 동의를 받아야 합니다.
- 인쇄, 제작 및 유통상의 파본 도서는 구입하신 서점에서 바꿔 드립니다.
- 책값은 뒤표지에 있습니다.